# Elfenbisse
## Feministische Naturwissenschaft

DAGMAR HEYMANN (HG.)

# ELFENBISSE

## FEMINISTISCHE NATURWISSENSCHAFT

NUT – FRAUEN IN NATURWISSEN-
SCHAFT UND TECHNIK E.V.

SCHRIFTENREIHE · BAND 2 · 1995

talheimer

NUT – Schriftenreihe Band 2
hrsg. von Frauen in Naturwissenschaft und Technik e.V.

Die Deutsche Bibliothek – CIP-Einheitsaufnahme

**Elfenbisse** : feministische Naturwissenschaft / Dagmar Heymann (Hg.). - Mössingen-Talheim : Talheimer, 1995
(Frauen in Naturwissenschaft und Technik e.V.: Schriftenreihe ; Bd. 2)
ISBN 3-89376-056-3
NE: Heymann, Dagmar [Hrsg.]; Frauen in Naturwissenschaft und Technik e.V.: Schriftenreihe

Talheimer Verlag
Satz und Vertrieb GmbH,
72116 Mössingen-Talheim, Rietsweg 2
Alle Rechte vorbehalten.
Umschlaggestaltung: Töpfl Grafik & Design, Berglen
Satztechnische Erstellung: talheimer
Druck: MD-Offsetdruck GmbH, Pliezhausen
ISBN 3-89376-056-3

# Inhalt

*Dagmar Heymann*
Einleitung 7

*Autorinnenkollektiv*
Feministische Naturwissenschaft – eine Einführung 15

*Jenny Kien*
Ist „unkonventionelle" Forschung von Frauen
feministische Naturwissenschaft? 27

*Ester Tamm*
Naturwissenschaft und Geschlechterrolle oder:
Wie wir aus einer Tugend wieder eine Not machen 43

*Dagmar Heymann*
Jungfrauen und Killer – die Macht der Darstellung
in der Biologie 74

*Rosemarie Rübsamen*
Die Physik –
Elemente zu einer feministischen Wissenschaft 94

*Petra Seibert*
Ist die Meteorologie eine feministische Musterwissenschaft?
Oder: Warum die Meteorologie doch
keine Atmosphärenphysik ist 131

*Eva Sassen*
Von der Bewegung zur Wissenschaft zur Bewegung ...
Gelten die Postulate zur Frauenforschung
auch in der biologischen Forschung?   142

*Gudrun Fischer*
Die Geschichte der feministischen Professur
in den Naturwissenschaften an der Universität Bremen   151

Autorinnen   163

*Dagmar Heymann*

# Einleitung

Feminismus und Naturwissenschaft – „Es ist, als wollte man aus dem Heckfenster sehen, um dabei zuzuschauen, wie man den Bus schiebt, in dem man fährt." Diese Worte fand Ruth Hubbard[1], eine Biologin, die nach einer langen Wissenschaftskarriere sich zu einer kompetenten feministischen Kritikerin entwickelt hat. Wir haben es mit einem wirklich „verrückten" Unternehmen zu tun. Daß es so verrückt erscheint, liegt weniger am Feminismus als an der heute praktizierten Naturwissenschaft, die immer noch an überkommenen Vorstellungen von Objektivität, Neutralität und Unpersönlichkeit festhält. Der feministische Ansatz, der explizit den eigenen Standpunkt, die gesellschaftlichen Voraussetzungen und die historische Eingebundenheit jeglicher Wissenschaft betont, entzieht deshalb diesem traditionellen Unternehmen den Boden unter den Füßen.

Feministisches Nachdenken von Naturwissenschaftlerinnen über ihr eigenes Fach geht aus von den eigenen täglichen Erfahrungen. Es geht häufig aus von unserer Erfahrung als Fremde in einer Welt, in der wir nicht vorgesehen sind. Anders als bei feministischen Gesellschaftswissenschaftlerinnen, die sich die Naturwissenschaft als Forschungsobjekt ausgesucht haben, geht es für uns bei diesem Unternehmen früher oder später auch um unsere Existenz als Naturwissenschaftlerinnen, da wir mit unserem Nachdenken an den eigenen Grundlagen rütteln.

Außerdem geschieht unser Nachdenken weitgehend „nebenbei". Keine der Autorinnen dieses Buches betreibt die feministische Naturwissenschaft als bezahlten Beruf. Sie arbeiten in teilweise ungesicherten Beschäftigungsverhältnissen, die wenig bis keinen Raum für feministische Kritik lassen, sind freiberuflich oder arbeitslos. Keine von uns konnte oder wollte sich (bis jetzt) im „Elfenbeinturm" der feministischen Wissenschaft niederlassen. Wie Gudrun Fischer und ich im letzten Kapitel feststellen, hat dies nicht nur Nachteile – eine etablierte Wissenschaftlerin im Elfenbeinturm verliert leicht ihren feministischen Biß.

Als Naturwissenschaftlerinnen haben wir aufgrund unserer Außenseiterinnenposition, meiner Ansicht nach, noch nicht ganz vergessen, aus welchem Material diese Elfenbeintürme gemacht sind – aus den Zähnen der Elefanten, dieser großen, grauen Tiere mit dem ewigen Gedächtnis. Dieses Wissen läßt uns den besonderen „Biß" finden. Wissenschaftlich geschult, geübt in Phantasie, mit einem Schuß Poesie und der Vorstellung, mit unserem Denken, Schreiben und daraus folgenden Tun auf lange Sicht die Wissenschaften zu verändern, treten wir ein in das Unternehmen „Elfenbisse".

Mit diesem Buch möchten wir einen Ausschnitt der Diskussion im deutschsprachigen Raum dokumentieren und Frauen aus den Natur- und Ingenieurwissenschaften, aus den Gesellschaftswissenschaften und auch aus ganz anderen Bereichen zugänglich machen. Auch Männer sind uns als Leserinnen willkommen.

Die Texte sind in unterschiedlichem Maß persönlich und wissenschaftlich zugleich. Bei ihrer Auswahl ging ich von meinem Freundinnenkreis im Umfeld der jährlich stattfindenden Kongresse „Frauen in Naturwissenschaft und Technik" aus. Im Rahmen dieser autonom organisierten „Institution" findet seit Jahren ein reger Austausch und eine entsprechende Diskussion zur feministischen Naturwissenschaft statt. Beides wird getragen von Naturwissenschaftlerinnen und Technikerinnen aus den verschiedensten Studien- und Berufsbereichen, von „ordentlich" beschäftigten und studierenden Frauen und von solchen, die „ausgestiegen" sind und sich freischwebend mit der Wissenschaft beschäftigen. Allerdings blieb diese Diskussion bisher teilweise „unsichtbar" bzw. wurde wenig von der etablierten Wissenschaft wahrgenommen. Dazu zähle ich auch die vor allem in den Gesellschaftswissenschaften angesiedelte Frauenforschung. Von deren Vertreterinnen wird häufig nur die

US-amerikanische Literatur wahrgenommen. Dieser Mißstand war ein entscheidender Anstoß für unser Buch.

Feministische Naturwissenschaft – ist das nicht reine Zukunftsmusik? Gibt es heute nicht bestenfalls eine feministische Kritik der Naturwissenschaften? Müßte feministische Naturwissenschaft nicht eine vollkommen andere Wissenschaft mit anderen Fragestellungen, anderen Methoden usw. sein? So wie z.B. Sarah Jansens[2] Vorschlag einer mimetisch-magischen Forschung (Erkenntnis durch Nachahmung) für die Biologie? Nur ein solcher Ansatz dürfte sich dann feministisch nennen.

Ich denke inzwischen, daß diese Vorstellung genau wieder in die alte patriarchale Falle führt. Wenn wir den Begriff der feministischen Forschung ausschließlich für solche Ansätze reservieren, trennen wir auch sie von ihren Voraussetzungen und der Reflexion darüber. Aber eine wirklich feministische Naturwissenschaft basiert auf der Reflexion der eigenen Grundlagen. Sie muß ihre eigenen persönlichen und gesellschaftlichen Bedingungen in den Erkenntnisprozeß hineinnehmen. Deshalb sind die Metaebenen, feministisch reflektiert, integraler Bestandteil der Naturwissenschaften.

Ein großer Teil der vorliegenden Texte beschäftigt sich mit diesem Thema. Dabei werden Möglichkeiten neuer, feministisch reflektierter Ansätze sichtbar. Die Texte sind sehr vielfältig und in ihrer Unterschiedlichkeit spiegeln sie die Vielfalt der feministischen Naturwissenschaftlerinnen wider, ihrer Umgehensweisen mit ihren Fächern, ihrer Kritikansätze und ihrer Persönlichkeit. An den Anfang habe ich einen kurzen Abriß über den Stand der feministischen Wissenschaft gestellt. Er soll vor allem den Neulingen in diesem Gebiet einen leicht verständlichen Einstieg ermöglichen. Die Autorinnen dieses Kapitels waren ausgegangen von ihrem Bedürfnis, sich selbst in die existierende Literatur einzuarbeiten und ihre eigenen Studienfächer bzw. Arbeitsbereiche feministisch zu beleuchten und so das „gewisse" Unbehagen zu bearbeiten. Sie diskutierten die Literatur und am Ende hatten sie eine Einführung für andere geschrieben. Da die Fertigstellung dieses Artikels wie auch des ganzen vorliegenden Buches ein längerer Prozeß wurde, finden die Leserinnen nicht die allerneueste Literatur berücksichtigt.

Die feministische Analyse wird oft mit der ungläubigen oder süffisanten Frage nach einer „weiblichen" Wissenschaft versucht ins Lächerliche zu ziehen. Gleichzeitig taucht die Frage nach den Chancen einer „anderen" Forschung von Frauen immer wieder auf. Jenny Kien setzt sich mit der Frage auseinander, wo in diesem Kontext feministische Naturwissenschaft angesiedelt werden könnte und welche Kriterien eine solche Forschung erfüllen müßte. Sie steckt einen vorläufigen Rahmen von Establishment-, Anti-Establishment-Forschung und „unkonventioneller Forschung" ab, in den die feministische Forschung sich einpaßt und den sie gleichzeitig überschreitet. Jenny Kien beschreibt die grundlegenden „Behinderungen", die Frauen in diesem Rahmen erfahren und die ihnen auf der Basis feministischer Analyse eine Chance für neue Ansätze erlauben.

Ester Tamm trägt die feministische Analyse in die innersten Strukturen der Naturwissenschaft. Zunächst zeigt sie, daß wirklich seriöse Wissenschaft ihre Voraussetzungen benennen muß. Daß dies nicht immer selbstverständlich ist, beschreibt sie anhand von Beispielen aus der Biologie. Allerdings handelt es sich hier nicht um „unseriöse" Außenseiter, die sie kritisiert. Vielmehr zeigt sie, daß die herkömmliche Naturwissenschaft eine grundlegende Voraussetzung in der Regel nicht benennt. Es sind dies die vielfältigen Beziehungen, die unterschlagen (z.B. zwischen der Wissenschaft und den WissenschaftlerInnen und beider zum gesellschaftlichen Umfeld) oder zerstört werden (im Experiment, bei dem der Untersuchungsgegenstand aus seinen bestehenden Beziehungen gerissen wird). Ester Tamm setzt dies in Beziehung zu den in unserer Gesellschaft festgeschriebenen Vorstellungen von Männlichkeit und Weiblichkeit, die gerade Naturwissenschaftler immer noch sehr stark prägen[3]. Sie benennt damit und diskutiert ein ganz zentrales Defizit patriarchaler Wissenschaft, mit dem wir alle, Frauen und Männer, uns beschäftigen müssen, wenn wir die Naturwissenschaften verändern wollen.

Mein eigener Artikel beschäftigt sich im Anschluß mit eklatanten Beispielen patriarchaler Prägung von Naturwissenschaft. Mit Hilfe der Metaphernanalyse versuche ich, das Abbild „männlicher" Beziehungen in der Zellbiologie und der Biochemie nachzuzeichnen: kriegerische Beziehungen, die Beziehung des patriarchalen Mannes zur Frau und die Beziehung zum „Fremdsein" in unserer Gesellschaft.

Die Artikel von Rosemarie Rübsamen, Petra Seibert und Eva Sassen gehen über diese Kritik hinaus und fragen nach Möglichkeiten einer feministischen Naturwissenschaft. Rosemarie Rübsamen sieht für die Physik, anders als in der Biologie und den Sozialwissenschaften, Ansätze zu feministischer Forschung weniger innerhalb der Physik selber als eher die Möglichkeit und Notwendigkeit, dieses Fach über seine Metaebenen (und damit: über seine Beziehungen?) anzu„greifen".

Für Petra Seibert ist ein zentraler Punkt der patriarchalen Naturwissenschaft das zerstörerische Experiment. Sie folgt der Analyse und Kritik von Carolyn Merchant und Erika Hickel und sieht als Grundlage jeder feministischen Veränderung der Wissenschaften den Verzicht auf solche Experimente. Sie fragt, ob Wissenschaften, die nicht experimentell vorgehen, schon feministische Ansätze in sich bergen. So einfach ist es leider nicht, aber immerhin bieten uns solche Disziplinen Anschauungsmaterial, um diesen Aspekt feministischer Naturwissenschaft weiter zu entwickeln.

Schließlich versucht Eva Sassen die feministischen methodischen Postulate von Maria Mies auf die Biologie anzuwenden. Ihr Text ist sehr persönlich, und da es sich um erste Gedanken handelt, sind ihre Ausführungen „springend". Sie lädt die Leserin ein, ihr in ungewohnte Gedanken zu folgen. Dies ist eine Herausforderung, vor die uns feministische Ansätze stellen: wir müssen bereit sein, den Sprung aus dem gewohnten Denkgebäude zu wagen – oder wir werden nur sagen: „Die spinnt ja!". Auch Eva Sassen geht es um Beziehungen, z.B. die zu „ihrer" Hefezelle.

Diese unterschiedlich angelegten Texte zeigen, daß wir unterwegs sind, ohne unser Ziel genau sehen zu können. Es bestätigt mich in meiner vor einigen Jahren formulierten Idee[4], daß wir heute (hoffentlich) an einem ähnlichen Punkt stehen wie zu Beginn der Neuzeit: An dem Punkt, an dem wir dabei sind, eine andere Wissenschaft zu entwickeln.

Im letzten Kapitel schildert Gudrun Fischer die bisherige Geschichte um die Schaffung einer Professur für Feministische Naturwissenschaft an der Universität Bremen. Es gibt sie noch nicht als feste Einrichtung, aber sie könnte ein Vehikel werden hin zu dieser veränderten und verändernden Wissenschaft.

Und was fehlt? Wir haben in unsere Betrachtungen alle klassischen Fächer einbezogen außer der Chemie. Sie fehlt nicht nur in diesem Buch, sie ist überhaupt in der feministischen Diskussion noch ein unbeschriebenes Blatt. Gemeinsam mit vielen Frauen habe ich inzwischen darüber gerätselt, woran das liegt. Ein Grund könnte sein, daß die Chemie, anders als Physik und Biologie, kaum ideologieträchtig ist. Sie ist eher ein Handwerk mit viel Ausprobieren und „Kochen". Dabei hat gerade die Chemie uns mit die größten Umweltprobleme beschert. Für eine feministische Analyse werden wir vielleicht neue Methoden entwickeln müssen. Eine Möglichkeit könnte der ganz persönliche Zugang von Chemikerinnen zu ihrem Fach sein, die Faszination, die sie zu diesem Studium und Beruf geführt hat.

Während der Arbeit an diesem Buch fiel mir etwas auf – fast alle Autorinnen sind Lesben. Kennerinnen der Frauenbewegung wird das nicht sehr verwundern, sind doch in allen Frauenaktivitäten und -projekten immer sehr viele Lesben tätig, wenn nicht sogar führend. Aber was heißt das für unser Thema wirklich?

Erkenntnis ist immer abhängig von der Person. Im Zusammenhang feministischer Kritik an der patriarchalen Wissenschaft zeigt Sandra Harding[5] auf, daß es gerade Lesben sind, die durch ihre Person und ihre Lebensweise die patriarchalen Prinzipien – die Treue der Frau zum Mann, den Stolz des Mannes, seine Identität – am stärksten verletzen; also die besten Voraussetzungen für unser Unternehmen. Aber die Möglichkeiten gehen noch weiter. Die Historikerin Bettina Aptheker[6] argumentiert folgendermaßen: während heterosexuelle Frauen zwangsweise vor eine Entscheidung gestellt sind zwischen Autonomie und Bindung, bedeutet ein Denken aus lesbischer Perspektive, daß es möglich ist, sowohl Autonomie wie auch Bindung zu entwickeln und zu leben. Beides aber ist entscheidend für das wissenschaftliche Subjekt und sein Objekt, das heißt für die Forscherin und ihre Beziehung zu ihrem Forschungsgegenstand. In der Entwicklung einer neuen, nicht patriarchalen Autonomie und damit verbunden einer neuen Objektivität, die beide nicht auf der Leugnung von Bindung beruhen, sieht Evelyn Fox Keller[7] eine entscheidende Möglichkeit, die Naturwissenschaften zu verändern.

Könnte es sein, daß wir unter anderem auf dem Weg sind zu einer lesbischen feministischen Naturwissenschaft? Immerhin konnte ich mir vor zwanzig Jahren in meinen entferntesten Träumen nicht vorstellen, daß Feminismus etwas mit Naturwissenschaft zu tun hat. Also in weiteren zwanzig Jahren ...

Bis dahin werden wir uns weiter mit dem Elfenbein beschäftigen, mit den Elefanten, den Elfen und ihren Bissen. In zehn Jahren werden wir mit anderen vielleicht ein weiteres Buch schreiben – mit vielen neuen Elfenbissen.

Die Idee für den Titel kam Eva Sassen auf einem feministischen Kongreß. Als wir gemeinsam im Publikum saßen und ganz im Sinne von Mary Daly unser Garn spannen. Ester Tamm lieferte dann den letzten „Biß".

Allen Frauen, Freundinnen und Gefährtinnen, die mit uns spinnen und weben und so dieses Buch ermöglicht haben, möchte ich an dieser Stelle ganz herzlich danken. Ganz besonders danke ich Margrit Moerschbacher, Kira Stein und Petra Stöcker für die Lektorierung des Buches sowie Moniko Greif und den Frauen im Vorstand von NUT für all die Arbeit, bis dieser Band der Schriftenreihe des Vereins erscheinen konnte.

# Anmerkungen

1 Ruth Hubbard: Hat die Evolution die Frauen übersehen?, in: Elisabeth List, Herlinde Studer (Hg.): Denkverhältnisse, Frankfurt/Main, 1989.
2 Sarah Jansen: Magie und Technik, Beiträge feministischer Theorie und Praxis 12, 1984, 69-81.
3 Ulrich Gebhardt: Naturwissenschaftliches Interesse und Persönlichkeit, Frankfurt/Main, 1988.
4 Dagmar Heymann: Von der männlichen zu einer feministischen Wissenschaft, Koryphäe 11, 1992, 42-43.
5 Sandra Harding: Das Geschlecht des Wissens, Frankfurt/Main, 1994.
6 Bettina Aptheker, zitiert nach Sandra Harding, ebd.
7 Evelyn Fox Keller: Liebe, Macht und Erkenntnis, München, 1986.

*Autorinnenkollektiv*

# Feministische Naturwissenschaft
# – eine Einführung

Noch vor fünfzehn Jahren war für uns die Vorstellung, daß es eine feministische Naturwissenschaft geben könnte, schlechterdings absurd. Aber schließlich führte uns unser Weg über die Frauenbewegung, unser Unbehagen in Studium und Forschung und die Beschäftigung mit feministischer Literatur zu der Frage: warum nicht? Einmal gedacht, fanden wir schnell Frauen, mit denen wir diskutieren konnten, Texte, die uns erste Ideen lieferten und Hebelpunkte, die uns die feministische Kritik an den uns so vertrauten Naturwissenschaften erlaubten. Aus einer derartigen Diskussionsgruppe und dem damit verbundenen Lernprozeß entstand diese Einführung in das Thema. Dadurch ist dieser Text ein persönlicher und durch unsere eigenen Erfahrungen geprägt. Er erhebt nicht den Anspruch, eine vollständige Literaturübersicht zu sein. Vielmehr möchten wir anderen Frauen einen ersten Einstieg ermöglichen.

## Naturwissenschaft
## – ein Mann, ein Vater und zudem verseucht[1]

Es ist Carolyn Merchant[2] zu verdanken, daß feministisch interessierte Naturwissenschaftlerinnen auf die historischen Ursprünge der modernen Wissenschaft aufmerksam wurden. Ein solcher Blick relativiert häufig unsere selbstverständlichen Annahmen, mit denen wir leben. Hier sind es Objektivität und Rationalität, die plötzlich infrage gestellt werden.

Die Begründung der modernen Wissenschaft kann im Grunde mit der Gründung der Royal Society 1662 gleichgesetzt werden. Zu dieser Zeit existierten mehrere und sich zum Teil widersprechende Erklärungsansätze für Natur und Wissenschaft, die grob eingeteilt werden können in die „hermetische" und die „mechanistische" Richtung (siehe dazu Merchant). Zum hermetischen Ansatz gehörten z.b. Alchemie, Neoplatonismus, Kosmologie und vitalistische bzw. organische Ansätze in der Heilkunde, während auf der anderen Seite Männer wie La Mettrie, Descartes und Francis Bacon die mechanistische Sichtweise entwickelten, die alles Geschehen einschließlich des Lebens auf mechanische Ursachen zurückführt. Hierbei hat sich die zweite Vorstellung von Wissenschaft als „männlicher Geburt der Zeit" (Francis Bacon, zit. nach Merchant) durchgesetzt. Als „Vater der modernen Naturwissenschaft" hat Bacon (1561-1626) seine Erfahrungen als einer der politischen Köpfe der Hexenverfolgungen in England auf sein Wissenschaftsprogramm übertragen. Er entwirft das Experiment als eine Art Folter, mit der er der Natur ihre Geheimnisse entreißt. So kann er sie zähmen, beherrschen und falls nötig vernichten. Einige Jahre nach Gründung der Royal Society erklärte ihr Sekretär, Henry Oldenburg, daß es die Absicht der Gesellschaft sei, „eine männliche Philosophie entstehen zu lassen, durch die der Geist des Menschen (im englischen Original: man) nobilitiert werden soll durch die Erkenntnis von feststehenden Wahrheiten". Joseph Glanvill, einer der Hauptpropagandisten der Royal Society sah in der Wissenschaft die „Möglichkeiten, von der Natur Besitz zu ergreifen und sie unseren Vorhaben untertan zu machen", und damit eine „Weltherrschaft des Menschen über die Natur"[3] zu errichten. Mit anderen Worten: die Erkenntnis feststehender Wahrheiten ist männlich geprägt und zielt auf Beherrschung und Unterwerfung der Natur. Soweit zu den Ursprüngen, die bis heute in subtiler Weise in der Naturwissenschaft implizit erhalten geblieben sind.

Vor diesem Hintergrund betrachtet, ist unsere heutige Naturwissenschaft eine von Männern der weißen Mittelschicht unserer westlichen Zivilisation geschaffenes System. In den letzten dreißig Jahren hat die Wissenschaftsforschung, angefangen mit Thomas S. Kuhn[4], die Kontextgebundenheit von Wissenschaft gezeigt. Danach kann die Naturwissenschaft nicht völlig objektiv sein, weil die Auswahl der zu untersuchenden Probleme, die Wahl der Fragestellung und die Interpretation der Ergebnisse auf gesellschaftlich geprägten Wahrnehmungen der Wirklichkeit beruhen. Diese Ergebnisse finden jedoch kaum Eingang in das Selbstverständnis der Naturwissenschaft. Darüber hinaus ist die herkömmliche Wissenschaftsforschung weiterhin blind für die Tatsache, daß es fast ausschließlich Männer waren, die die bestehende Naturwissenschaft entwickelten. Die Frauenbewegung und die sich mit und durch sie anschließenden Entwicklung von feministischer Wissenschaft und Theorie ermöglicht es uns seit Beginn der 80er Jahre, die männliche Prägung dieser Wahrnehmung aufzuzeigen – der Mann wird als Maß aller Dinge gesehen.

## Aufstand der Töchter

Der aufkeimende Feminismus hat auch in Westdeutschland den frauenbewegten Naturwissenschaftlerinnen den Rahmen geliefert, um ihr Unbehagen in feministische Kritik an ihren Fächern umzusetzen. Diese Kritik wurde zunächst in Form eines Austausches auf den seit 1977 jährlich stattfindenden Kongressen von „Frauen in Naturwissenschaft und Technik" forumliert und ausgedrückt. Anfang der 80er Jahre begannen dann einige Frauen diese Diskussionen und ihre Erfahrungen in essayistischer Form aufzuarbeiten. Die Texte der Physikerin Rosemarie Rübsamen, der Pharmazeutin und Wissenschaftshistorikerin Erika Hickel, der Biologinnen Sarah Jansen und Jenny Kien wurden zur Diskussionsbasis für viele Frauengruppen. Nach Hickel[5] „gilt es zu beweisen, daß die vorhandene Naturwissenschaft eine allzu einseitige Männerangelegenheit ist". Sie betont, daß die Naturwissenschaft ein Kulturphänomen und keine zwangsläufige, autonome Entwicklung ist. Sie charakterisiert die gegenwärtige Naturwissenschaft und Technik als spezifisch männlich-patriarchales Unternehmen, das vor allem der Selbstverwirklichung des patriarchal geprägten Mannes dient. Ihre Kritik ist durch folgende Punkte gekennzeichnet:

- Naturwissenschaft und Technik sind der deutlichste Ausdruck des Herrschaftsverhältnisses zwischen Männern und Frauen.
- Menschliches Naturverständnis ist soziomorph und an gesellschaftlichen Erfahrungen der Menschen orientiert, d.h. soziale Muster werden auf die Natur übertragen.
- Bestimmte sozialpsychologische Verhaltensmuster entstellen unser Verhältnis zur Natur und auch die Naturwissenschaft. Die typisch männliche Angst vor Unvollkommenheit und Unberechenbarkeit führt zur Überbetonung von Abstraktion und Gesetzmäßigkeit. Da Kommunikation sowohl im Umgang mit der Natur wie mit männlichen Kollegen häufig nur zur Mitteilung und Festlegung der Rangfolge dient, finden Wechselwirkung und Austausch kaum statt.
- Männer sehen das Prinzip Logik als gottgegeben an.
- Die Zerstörung des Lebendigen dient dazu, die Natur in Gesetze und Disziplinen einzusperren.
- Die Abschätzung der Folgen ihres Tuns scheint unmöglich, da männliche Wissenschaftsphilosophie die Eigengesetzlichkeit, Autonomie und Unbeeinflußbarkeit des Forschungsablaufes betont.

Nach Rosemarie Rübsamen[6] sagen „Naturgesetze" mehr über Männer als über die Natur aus. Wie sie zeigt, gilt dies auch in der Physik. Die patriarchale Gesellschaft ist als Männerhierarchie konstruiert und die Naturwissenschaft spiegelt diese Hierarchie wider. Beispiele dafür aus ihrer Sicht sind:

- Theorien werden erst in der allgemeinen dann in der speziellen Form verfaßt, wobei die zweite der ersten untergeordnet wird.
- Der Aufbau der Materie (Elemente, Atome, Protonen etc.) wird wie eine Gesellschaftshierarchie beschrieben.
- Es wird versucht, das Leben auf chemische und physikalische Prinzipien zu reduzieren, indem meist tote Materie untersucht wird (z.B. zerlegte Zellen).

– Die Technik, die als anerkanntes Produkt der Naturwissenschaft gilt, ist in erster Linie ein Abfallprodukt der Machtpolitik, insbesondere der Rüstungspolitik.

Ähnliches beschreibt Sarah Jansen[7] für die Biologie. Die männliche Prägung von Naturwissenschaft und Technik läßt sich in folgende Kategorien einteilen:

– Subjekt/Objekt-Trennung. Der Experimentator stellt sich emotional außerhalb des Geschehens, da er nur so sein Objekt manipulieren kann.
– Übertragung des patriarchalen Gesellschaftsbildes auf die Natur. In der Ökologie wird z.B. das Funktionsprinzip Wettbewerb unverhältnismäßig betont. Aspekte wie herrschaftsfreie Kooperation, Tolerierung und Symbiose werden weit weniger untersucht.
– Übertragung der Maschinenlogik auf die Bearbeitung der Natur. Als existent gilt nur, was berechenbar ist, und was es nicht ist, wird berechenbar und damit sowohl weniger bedrohlich wie auch ausbeutbar gemacht.

Die frühe feministische Analyse in Westdeutschland hat also gezeigt, daß die Naturwissenschaft patriarchal geprägt ist (die wichtigsten Stichworte sind: hierarchische Modelle, Subjekt-Objekt-Trennung, Betonung auf Beherrschung). Der männliche Sozialcharakter findet sich in diesem System wieder. Frauen sind aufgrund ihrer Sozialisation hier oft entfremdet; die Frau als Subjekt kommt nicht vor. Nach Jenny Kien[8] forschen Frauen nicht automatisch anders, aber prozentual häufiger als Männer in anti-etablierten Bereichen. Auch Frauen sind patriarchal geprägt, nur einige schaffen es, auflehnend zu forschen.

## Die feministische Theorie trägt die Revolution in die naturwissenschaftliche Festung

Parallel zu diesen essayistischen Arbeiten in der deutschen Naturwissenschaftlerinnenbewegung entstanden in den USA ausführlichere Arbeiten zu diesem Thema. Das Buch von Evelyn Fox Keller „Liebe, Macht und Erkenntnis"[4] ist auch bei uns auf lebhafte Resonanz gestoßen und war für viele Frauen Ausgangspunkt für eine intensivere Beschäftigung mit feministischer Wissenschaftskritik.

In diesem Buch untersucht sie den Zusammenhang zwischen Geschlechtsspezifik und Naturwissenschaft in historischer, psychoanalytischer und wissenschaftlich-philosophischer Hinsicht. Keller geht davon aus, daß Naturwissenschaft kein autonomes Gebilde, sondern eine gesellschaftliche Kategorie ist, d.h. Naturwissenschaft wird in starkem Maße von den Wertvorstellungen und dem sozialen Gefüge einer Gesellschaft beeinflußt. Da unsere Gesellschaft von Geschlechtsspezifik durchdrungen ist, findet diese sich genauso in der Naturwissenschaft. Weiblich und männlich sind Kategorien, die von der Kultur definiert werden. Diese Definitionen gehen weit über biologische Unterschiede hinaus. Auch die verschiedenen Aspekte menschlicher Erfahrung sind diesen Kategorien zugeordnet. Der Wissenschaft werden dabei allein die „männlichen" Aspekte zugeschrieben. Diese Verflechtung von Geschlechtsspezifik und Wissenschaft nennt Keller das „Wissenschaft-Geschlechter-System".

Im ersten Teil des Buches zeigt Keller anhand der verwendeten Geschlechtsmetaphorik in der Wissenschaftssprache bei Platon, den Alchemisten und Bacon wie eine für die jeweilige Zeit ideale sexuelle Beziehung, verstanden als Metapher für den Erkenntnisprozeß, das Erkenntnismodell der Wissenschaft prägt. Die Untersuchung dieses in der abendländischen Wissenschaftsgeschichte gebräuchlichen Bildes zeigt den direkten Einfluß der gesellschaftlichen Geschlechterideologie auf die Erkenntnisformen ihrer Zeit.

Im zweiten Teil untersucht Keller auf psychoanalytischer Basis, inwiefern die Sozialisation von Mädchen und Jungen eine bestimmte Auffassung vom Selbst und vom Anderen, von Subjekt und Objekt begünstigt. Die typischen Sozialisationsbedingungen in unserer Gesellschaft (die Mutter als alleiniges Beziehungsobjekt) bedeuten für Mädchen, daß Beziehungen und Interaktion ihr Selbstbild prägen, während für Jungen das Streben nach einer bestimmten Art von Autonomie wichtig ist. Diese Auffassung von Autonomie als völliger Unabhängigkeit/ Beziehungslosigkeit bedingt – aus der Angst vor dem Verlust dieser Unabhängigkeit – ein Bedürfnis nach Herrschaft und Kontrolle über alles andere. Verbunden mit diesem Verständnis von Autonomie ist eine Auffassung von Objektivität als vollständiger Trennung von Subjekt und Objekt. Keller zeigt, daß eine solche Trennung eine Illusion darstellt, weil jeder Erkenntnisprozeß abhängig ist von einem erkennenden Subjekt. Objektivität im klassischen Sinn erweist sich so als eine Projektion des modernen Mannes. Keller zeigt damit, daß auch die moderne Naturwissenschaft wie ihre archaischen und antiken Vorläuferinnen Projektionen des Unbewußten der jeweiligen Zeit auf die materielle Welt sind.

In einem weiteren Schritt entwickelt Keller auf der Basis dieser Analyse die Vorstellung von einer „dynamischen Objektivität". Diese Objektivität profitiert vom bewußten Gebrauch der subjektiven Erfahrung. Sie sieht die Gemeinsamkeiten/Verbundenheiten der Subjekte und der sie umgebenden Welt, während sie gleichzeitig deren Eigenständigkeit anerkennt.

Im dritten Teil des Buches wendet sich Keller der Theorie, Praxis und Ideologie der heutigen Wissenschaft und den Möglichkeiten für Veränderungen zu. Dem Leitbild der „Naturgesetze", das entstanden ist durch den Wunsch, beobachtete Regelmäßigkeiten als Gesetz zu formulieren, stellt Keller die Kategorie „Ordnung" gegenüber. Gesetze implizieren Hierarchie und Zwang zwischen Strukturprinzipien und strukturierter Materie. Demgegenüber umfaßt der Begriff der Ordnung „Organisationsmuster, die spontan aus sich selbst erzeugt oder von außen auferlegt sein können". Gekoppelt mit dem Begriff der Ordnung ist „eine Wissenschaft, die auf Respekt basiert und nicht auf Herrschaft, die weder machtlos noch zwangausübend ist, sondern befähigend ...". Als herausragendes Beispiel für diese Herangehensweise an die Wissenschaft beschreibt sie die Arbeiten der Genetikerin Barbara McClintock (siehe unten).

Alle bisher vorgestellten Ansätze sind von Frauen formuliert, die ursprünglich aus den Naturwissenschaften kommen. Die feministische Philosophin Sandra Harding gibt in ihrem Buch „Feministische Wissenschaftstheorie"[9] den inzwischen zahlreichen Kritik- und Analyseansätzen aus den unterschiedlichsten Zusammenhängen einen umfassenden, strukturierten Rahmen und schafft damit neue Aspekte und eine neue Basis für die Weiterarbeit.

Anhand einer Vorstellung von fünf feministischen Projekten der Wissenschaftskritik zeigt Harding, daß ein Unternehmen, das anfangs nur gegen die Diskriminierung von Frauen in der Wissenschaft gerichtet war, am Ende die herkömmliche Wissenschaft, ihre Methoden und die dazu gehörenden Erkenntnistheorien infrage stellt. Bei der Verfolgung feministischer Ansätze in der Wissenschaft ergibt sich ein Paradoxon. Feministische Kritik stellt die Objektivität herkömmlicher Wissenschaft infrage, hält aber ihre alternativen Entwürfe für objektiver, obwohl sie aus einer politischen Bewegung entstanden sind. Zur Auflösung dieses Problems war es notwendig, neue feministische Erkenntnistheorien zu entwickeln.

Der feministische „Empirismus" will in erster Linie „unseriöse" Wissenschaft korrigieren. Die Frauenbewegung hat den Blick dafür geschärft, daß die Wissenschaft androzentrisch verzerrt ist. Besser geplante Forschung, z.B. die Einbeziehung von weiblichen Tieren, führt zu plausibleren Erkenntnissen. Die wissenschaftliche Methode als solche bleibt hier unangetastet.

Die feministische „Standpunkttheorie" dagegen argumentiert, daß Frauen näher an die Wahrheit kommen, weil sie als Unterdrückte eine weniger verzerrte Wahrnehmung haben. Die wissenschaftliche Methode ist selbst nicht in der Lage, die eingebaute gesellschaftliche (und daher vergeschlechtlichte) Verzerrung zu überwinden.

Darüber hinaus gibt es nicht „die Frau" – das sagen die postmodernen Erkenntnistheoretikerinnen. Aufgrund unterschiedlicher Erfahrungen können verschiedene „Wahrheiten" gleichzeitig nebeneinander stehen und gültig sein. Aber Harding will keine postmoderne Beliebigkeit aufkommen lassen: Sexistische, rassistische Wissenschaft darf nicht gleichberechtigt neben feministischer Wissenschaft stehen.

Die Widersprüche aus diesen Ansätzen hält Harding für nützlich und fruchtbar für die Weiterentwicklung der Naturwissenschaft. Sie bieten in einer widersprüchlichen Welt, in der wir leben, das beste Potential, eine vielfältige feministische Wissenschaft zu schaffen.

## Mit Leidenschaft – vom Suchen, Finden und Entwickeln neuer Möglichkeiten

Wir möchten hier nur einen kurzen Einblick in die vielfältigen Ansätze geben, die uns weiterführen können. Mary Belenky und Mitarbeiterinnen[10] haben in ihrem Buch „Das andere Denken" auf der Grundlage von 135 in den USA geführten Interviews mit Frauen verschiedenster sozialer Herkunft das Denken von Frauen untersucht. Die Autorinnen haben hierbei fünf Denkkategorien beschrieben. Am meisten interessieren in unserem Zusammenhang zwei Denkarten, die als Entwicklungsschritte miteinander verbunden sind. Das „prozedurale Denken" repräsentiert die Art von Denken, die an den Universitäten vermittelt wird. Prozedural Denkende übernehmen die „Stimme der Vernunft" von Vorbildern und Autoritäten. Dadurch überwinden sie zwar die Klischeevorstellungen von Frauen als emotional und unvernünftig, übernehmen aber die Klischeevorstellung von Vernunft als etwas von Gefühl und Erfahrung Abgetrenntem. Sie respektieren Expertentum und lernen von den Experten Methodologien: Verfahrensweisen, um Wissen zu erlangen. Wissen erfordert ihrer Meinung nach Beobachtung und Analyse. Intuition und subjektive Meinungen sind wertlos. Diese Art und Weise der Feststellung von Wahrheit verlangt unpersönliche Verfahrensweisen und eine saubere Subjekt-Objekt-Trennung. Das „Ich", die eigene Stimme, soll ausgeschaltet werden. Prozedural Denkende haben Methoden erlernt, die sie befähigen, das „akademische Spiel" zu gewinnen, und haben dafür den Preis des Verlusts der eigenen Stimme, des wirklich eigenen Interesses gezahlt.

Eine mögliche Weiterentwicklung stellt dann das „konstruierte Denken" dar. Konstruiert Denkende erkennen, daß es nicht die eine Wirklichkeit gibt, sondern daß Wirklichkeit konstruiert ist. Sie versuchen, Vernunft und Intuition, Erfahrung und Abstraktion zu integrieren. Sie haben eine hohe Toleranz für Widersprüche und Mehrdeutigkeiten. Hieraus resultieren eigenes Interesse und Begeisterung für das Lernen und Forschen („Leidenschaftliche Forschung"). Uns erscheint dies ein Denken, aus dem feministische Wissenschaft entstehen kann.

Wir haben zwei Arbeiten gefunden, in denen feministische Autorinnen wissenschaftliche Forschung von Frauen beschreiben als Beispiele dafür, welche feministischen Herangehensweisen möglich sind.

Ingrid Guentherodt[11] benennt für Maria Sibylla Merians (1647-1717) Insektenkunde folgende Charakteristika: Eigeninitiative und Kooperation, Rücksicht auf Zusammenhänge und wechselseitige Abhängigkeiten, intensive Beobachtung und Untersuchung von qualitativen Aspekten, expliziter Einbezug der Beobachtenden und ihre Verantwortlichkeit gegenüber den untersuchten Lebewesen.

Evelyn Fox Keller hat die Arbeiten der Genetikerin Barbara McClintock sowohl in einer wissenschaftlichen Biographie[12] wie auch im dritten Teil ihres Buches „Liebe, Macht und Erkenntnis" als ein Beispiel für eine solche andere Herangehensweise beschrieben. McClintock beschrieb durch das Studium von Maispflanzen die genetische Transposition („springende Gene"), lange bevor dieser Regulationsmechanismus auch mit molekularbiologischen Methoden bestätigt werden konnte und damit erst ernstgenommen wurde (!). Die Abweichungen im Farbmuster ihrer Versuchspflanzen faßte McClintock nicht als Unordnung oder Unregelmäßigkeit auf sondern als Anzeichen für ein übergeordnetes Ordnungssystem, das nicht auf ein einziges Gesetz reduziert werden kann.

Ein anderer Aspekt feministischer Wissenschaft ist die Analyse und Kritik der konkret bestehenden Wissenschaften. Hier muß, um Veränderungen anzustoßen, am einzelnen Text, an der Arbeit im Labor und an den dahinter stehenden Theorien die patriarchale Verzerrung, der androzentrische Ansatz aufgedeckt werden. Nur in einer solchen Auseinandersetzung innerhalb der vielfältigen bestehenden Forschungsrichtungen können wir die nötigen feministischen Anstöße liefern. Auf diesem Gebiet wurde und wird vielfältig gearbeitet. Dies geschieht bisher hauptsächlich in der Biologie, da hier die gesellschaftlichen Projektionen am sichtbarsten sind. Einige Arbeiten seien hier kurz aufgeführt. Der Sammelband „Feminist Approaches to Science", herausgegeben von Ruth Bleier[13], versammelt eine Reihe von Aufsätzen, z.b. von Donna Haraway zur Primatenforschung oder von Sarah Blaffer Hrdy zur Evolutionstheorie. Zum selben Thema ist inzwischen ein Artikel von Ruth Hubbard auf Deutsch erschienen: „Hat die Evolution die Frauen übersehen?"[14] Ein wichtiges feministisches Forschungsgebiet stellt die „Biologie der Frau", mit den dazu entwickelten, zum Teil haarsträubenden Theorien, dar. Ruth Bleier kritisiert und widerlegt in ihrem Buch „Science and Gender"[15] diese Standardtheorien. Außerdem gibt es zum gleichen Thema den Band „Gefangene des Geschlechts?"[16] von Anne Fausto-Sterling. Leider, aber auch bezeichnenderweise, werden solche Kritikansätze, obwohl hochqualifiziert, von der herrschenden Wissenschaft systematisch ignoriert. Unserer Meinung nach sagt dies sehr viel über genau diese herrschende Wissenschaft und ihren nicht eingelösten Anspruch auf Objektivität und Wertneutralität aus.

Im Sinne von Sandra Harding stellen diese Arbeiten feministischen Empirismus dar, indem sie den männlich verstellten Blick aufdecken, um damit „unseriöse" Wissenschaft zu korrigieren. Aber bei konsequentem Weiterdenken können wir auch in solch konkreter Analyse schnell zu Hardings Standpunktansätzen kommen.

Entscheidend für unsere Auffassung von feministischer Naturwissenschaft ist, daß wir im Gegensatz zur herkömmlichen Wissenschaft die Selbstreflexion in bezug auf unsere gesellschaftliche Eingebundenheit und deren Prägung durch das Geschlecht als einen zentralen Bestandteil unserer täglichen Arbeit ansehen.

## Anmerkungen

1. Die Idee zu dieser Überschrift verdanken wir Virginia Woolf. In ihrem Buch „Drei Guineas" schreibt sie: „Wie es aussieht, ist die Wissenschaft nicht geschlechtslos: er ist ein Mann, ein Vater und zudem verseucht."
2. Carolyn Merchant: Der Tod der Natur, München, 1987. Alle Zitate dieses Kapitels wurden diesem Buch entnommen.
3. Evelyn Fox Keller: Liebe, Macht und Erkenntnis, München, 1985.
4. Thomas S. Kuhn: Die Struktur wissenschaftlicher Revolutionen, Frankfurt/Main, 1973. Das amerikanische Original erschien 1962.
5. Erika Hickel: Entstellt männliches Denken die Naturwissenschaft? in: Naturwissenschaft und Technik – doch Frauensache, Margot Fuchs (Hg.), München, 1986.
6. Rosemarie Rübsamen: Patriarchat – der (un-)heimliche Inhalt der Naturwissenschaft und Technik, in: Feminismus – Inspektion der Herrenkultur, Luise F. Pusch (Hg.), Frankfurt/Main, 1983.
7. Sarah Jansen: Magie und Technik, in: Beiträge zur feministischen Theorie und Praxis Nr. 12, 1984.
8. Jenny Kien:, Gibt es weibliche und männliche Naturwissenschaft?, in: Sonderheft des Tübinger Stadtmagazin „Tüte", 1989, siehe dazu ausführlich in diesem Buch Seite 27 ff.
9. Sandra Harding: Feministische Wissenschaftstheorie, Hamburg, 1990.
10. Mary F. Belenky, B. McV. Clinchy, N.R. Goldberger, J.M. Tarule: Das andere Denken – Persönlichkeit, Moral und Intellekt der Frau, Frankfurt/Main, 1989.
11. Ingrid Guentherodt: Maria Sibylla Merian, Konsens 3, 1989, S. 13-15.
12. Evelyn Fox Keller: A Feeling for the Organism: The Life and Work of Barbara McClintock, New York, 1983.
13. Ruth Bleier (Hg.): Feminist Approaches to Science, New York, 1986.
14. Ruth Hubbard: Hat die Evolution die Frauen übersehen?, in: Denkverhältnisse – Feminismus und Kritik, Elisabeth List und Herlinde Studer (Hg.), Frankfurt/Main, 1989.
15. Ruth Bleier: Science and Gender. A Critique of Biology and its Theories in Woman, New York, 1984.
16. Anne Fausto-Sterling: Gefangene des Geschlechts? Was biologische Theorien über Mann und Frau sagen, München, 1988.

*Jenny Kien*

# Ist „unkonventionelle" Forschung von Frauen feministische Naturwissenschaft?

In der „normalen" Wissenschaft kann zwischen „unkonventioneller" und Anti-Establishment-Forschung unterschieden werden; die Unterschiede sind jedoch weniger inhaltlich als in den Zielen und/oder der Rezeption zu finden. Wer darf unkonventionell oder gegen das Establishment forschen? Die Spielregeln der Wissenschaft sind von Männern für Männer entwickelt worden. Wie passen Frauen in diesen Männerbund hinein? Da Frauen automatisch mit niedrigem Rang in diesem Männchen-Männchen-Rangordnungssystem anfangen, wird unkonventionelle Forschung von Frauen mit hoher Wahrscheinlichkeit als gegnerische oder Anti-Establishment-Forschung negativ bewertet. Aber Frauen forschen oft unkonventionell, z.T. genau wegen ihres Rangstatus, z.T. wegen anderer Lebenserfahrungen. Welche Möglichkeiten bleiben dann für Frauen, eine Andersartigkeit auszudrücken? Und ist eine Forschung, die bewußt oder unbewußt anders ist, weil von einer Frau durchgeführt, feministische Naturwissenschaft?

Die Frage, ob „unkonventionelle" Forschung von Frauen feministische Naturwissenschaft ist, bedarf erst einer Analyse von „unkonventioneller" Forschung. Da „unkonventionell" sich nur im Gegensatz zu „konventionell" definieren läßt, stelle ich im ersten Abschnitt meine Interpretation der Strukturen der konventionellen Wissenschaft dar. Nur im Kontext des Sozialcharakters des Wissenschaftsbetriebes werden die Ursachen und Konsequenzen von „unkonventioneller" Forschung von Frauen verständlich (zweiter Abschnitt). Ob diese Forschung als feministische Naturwissenschaft gelten kann, wird im letzten Teil behandelt.

## 1. Die Spielregeln des Männerbundes Naturwissenschaft

*a. Establishment-Forschung versus unkonventionelle und Anti-Establishment-Forschung*

Das Ziel der „normalen"[1] oder „Establishment"-Wissenschaft[2] ist die Bestätigung des gegenwärtigen Paradigmas, in dessen Rahmen sie stattfindet. Sie will im Prinzip nichts Neues entdecken und darf lediglich die schon erwarteten Antworten liefern. „Revolutionäre" oder „Anti-Establishment"-Forschung versucht, dieses Paradigma infrage zu stellen und durch ein Neues zu ersetzen.

Es gibt aber Abstufungen in der Establishment-Forschung und zwischen dieser und der Anti-Establishment-Forschung, für die ich den Begriff „unkonventionell" einführen möchte. „Unkonventionell" nenne ich Forschung, die in irgendeiner Weise, sei es methodisch, sei es im Ansatz oder in der Aussage von der Establishment-Wissenschaft abweicht, die aber nicht versucht, das herrschende Paradigma (oder Teile davon) und die Establishment-Forschung und -WissenschaftlerInnen infrage zu stellen, d.h. keine Gegenposition bezieht. Bei Anti-Establishment-Forschung dagegen werden Abweichungen benutzt, um das Paradigma und das Establishment infrage zu stellen. Das heißt, unkonventionelle und Anti-Establishment-Forschung unterscheiden sich weniger durch ihre Inhalte als durch ihre Ziele. Konkrete Beispiele zeigen, daß ein weiterer Unterschied in der Wirkung bzw. Rezeption liegt; die weitere Bewertung, Behandlung und der Einfluß von WissenschaftlerInnen und ihren Arbeiten wird durch die vom Establishment oft unbewußt vorgenommenen Zuordnungen zu einer der oben genannten Kategorien bestimmt.

Als konkretes Beispiel für die Unterschiede in Zielen und Wirkungen zwischen unkonventioneller und Anti-Establishment-Forschung dient ein kleiner Bereich der Neurobiologie – die Analyse der neuronalen Grundlagen der motorischen Steuerung bei Insekten.

Das Establishment vertritt die Meinung, daß die neuromotorischen Systeme in einer hierarchischen Befehlsstruktur organisiert sind, in der übergeordnete Teile des Nervensystems untergeordneten Teilen befehlen, bestimmte Funktionen auszuführen[3]. Die Anti-Establishment-Meinung ist, daß es weder diese hierarchische Ordnung noch Überordnung oder Unterordnung im Sinn von Befehlsmacht gibt, sondern kreisförmig organisierte Systeme sind[4], die unter „parallel distributed processing" (PDP) subsumiert werden können. Unkonventionelle im Gegensatz zu Anti-Establishment-Arbeiten zu diesem Gebiet waren die ersten Untersuchungen über die Rückkopplung von sogenannten untergeordneten an die übergeordneten Teile[5] und die erste Anwendung von Computer-Algorithmen für Probleme der Optimierungsvorgänge in der Technik auf Simulationen von Tierverhalten[6].

Die letzten beiden Ansätze führten zu interessanten Neuerungen, und waren für die Establishment-Forschung nicht offensichtlich gefährlich, während die Anti-Establishment-Position in ganz offensichtlicher Konfrontation steht. Aber die beiden unkonventionellen Arbeiten können sehr schnell zu einer Anti-Establishment-Position führen; wenn Rückkopplung sehr wichtig wird, verliert ein System seine Befehlsstruktur und wird kreisförmig[7], und die Funktionsprinzipien von neuronalen Netzwerken sind genau die der anti-hierarchischen PDP-Verarbeitung. Die Unkonventionellen wurden aber mit ihren neuen Techniken und Daten begeistert anerkannt. Inzwischen werden diese Ansätze konventionell, was bedeutet, daß das Establishment sich in Richtung der Anti-Establishment-Position bewegt. Trotzdem wird die Anti-Establishment-Meinung immer noch abgelehnt, ihre Verfechter haben immer noch Schwierigkeiten, Forschungsgelder zu bekommen und ihre Arbeiten zu publizieren.

Unkonventionelle Forschung hat das Potential, die Establishment-Forschung graduell zu ändern, da sie vom Establishment aufgenommen werden kann, obgleich eine Änderung der Establishment-Meinung nicht unbedingt bezweckt war. Anti-Establishment-Forschung und -ForscherInnen dagegen werden häufig ignoriert; und das bleibt selbst dann so, wenn, eventuell durch Prozesse der unkonventionellen Forschung angeregt, das Establishment sich im Übergang von normaler zu revolutionärer Wissenschaft befindet. Eher, als daß Anti-Establishment-Arbeiten oder -WissenschaftlerInnen anerkannt werden, passen sich Mitglieder des Establishments der neuen Situation an und wiederholen diese Forschung im Establishment-Rahmen[8]. Dabei will ich der Anti-Establishment-Forschung nicht Wirkungslosigkeit zuschreiben. Wenngleich nicht anerkannt, wird sie in der Tat manchmal gelesen, kann anregen, und so kann sie, obgleich unsichtbar, doch Einfluß ausüben.

*b. Soziale Strukturen im Naturwissenschaftsbetrieb*

Die Organisation des Naturwissenschaftsbetriebs ist allen anderen Männerbünden ähnlich[9]; weil ich aber Biologin bin, fällt mir noch eine Beschreibung ein. Die Strukturen des Männerbundes Naturwissenschaft lassen sich als ein in der Tierwelt oft analysiertes Sozialsystem gut beschreiben – das Männchen-Männchen-Rangordnungssystem. Die Beschreibung einer Tiergesellschaft beinhaltet immer Übertragungen aus der Gesellschaft der BeobachterIn (eine Erklärung für die ausführliche Behandlung von Männchen-Männchen-Rangordnungssystemen in der Soziobiologie). Daher kann die Benutzung eines Tiermodells für den Naturwissenschaftsbetrieb als eine Rückübertragung betrachtet werden, die aber dazu dient, die Ähnlichkeiten zwischen tierischen und menschlichen Gesellschaftssystemen klarer hervorzuheben.

Unter den Affen, ebenso wie unter anderen sozialen Tieren, bestehen meistens getrennte Männchen-Männchen- und Weibchen-Weibchen-Rangordnungssysteme[10]. Die zwei Systeme sind nicht unabhängig, sondern verflochten, da der Rang der Mutter sehr viel zum Rang ihrer Kinder beiderlei Geschlechts beiträgt, sowie der Rang der Männchen sehr durch die Anerkennung der Weibchen beeinflußt ist. Bei Weibchen ist der Rangstatus von langer Dauer, da der Rang der Mutter bestimmend für das Überleben ihrer Kinder ist. Die Rangordnung von Männchen dagegen ist von kurzer Dauer und muß immer wieder durch Imponiergehabe und Rangkämpfe erprobt oder verteidigt, festgestellt und eventuell neugeordnet werden. So wird die Rangerhöhung zum Hauptziel der Mitglieder eines solchen Männchen-Männchen-Rangordnungssystems.

Auf den Naturwissenschaftsbetrieb übertragen, bedeutet das, daß die Hauptfunktion des Wissenschaftsbetriebs und das Hauptziel der Wissenschaftler weder die wissenschaftliche Qualität noch Kreativität ist, sondern die Benutzung von Forschung, um den Rang des Forschers zu erhöhen. Damit wird das Imponiergehabe auf wissenschaftlichen Tagungen verständlich.

Die Rangmerkmale im Naturwissenschaftsbetrieb sind: Dienstposition in der Forschungseinrichtung oder Institution; Tätigkeit als Gutachter oder in wissenschaftlichen Gremien; Größe der Arbeitsgruppe; Höhe des Forschungsetats; Modernität und Größe der apparativen Ausstattung; und zuallerletzt Zahl und Ort der Publikationen. So wie in der Tierwelt ermöglicht auch hier ein höherer Rang eine größere Entfaltung; Rangordnung kann bestimmend für das eigene wissenschaftliche Überleben und das des Nachwuchses sein. Aber im Kontrast zu den Tiersystemen gibt es in diesem menschlichen Rangsystem kein Weibchen-Weibchen-System, das mit dem männlichen verflochten ist, und es durch seine Langzeitdauer und Lebensorientiertheit stabilisiert.

*c. Wer kann sich unkonventionelle  
oder gar Anti-Establishment-Forschung leisten?*

Wenn ein neuer Ansatz präsentiert wird, sind es Ansehen oder Rang der ForscherIn, welche bestimmen, ob die Arbeit als unkonventionell oder als Anti-Establishment behandelt wird. ForscherInnen mit hohem Rang im Establishment können unkonventionell sein. Dies wird als „pfiffig", „individualistisch", „anregend", „zukunftsweisend" bezeichnet. Damit können neue Moden angefangen oder Trends gesetzt werden. Hochrangige Establishment-Mitglieder können sich auch eine gewisse Menge Anti-Establishment-Gebärde leisten, dies wird eher als unkonventionell behandelt oder kann dazu dienen, eine gegnerische Schule innerhalb des Establishment aufzubauen. Unkonventionelle Forschung von nicht-hochrangigen Establishment-Mitgliedern kann entweder als solche behandelt werden oder sie kann als Anti-Establishment-Forschung negativ bewertet werden, auch wenn sie keine Infragestellung des Establishments beinhaltet. Die Art der Behandlung, die eine nicht ranghohe ForscherIn erfährt, hängt höchstwahrscheinlich von der Relevanz der Arbeit für die momentanen Interessen der Hochrangigen im Establishment ab.

Ganz rangniedrige ForscherInnen oder die, die offensichtlich nicht im Establishment sind, die Parias oder AußenseiterInnen, sind als „uninteressant" klassifiziert, wenn sie konventionell forschen; forschen sie unkonventionell, wird ihre Arbeit wahrscheinlich als Anti-Establishment bewertet und totgeschwiegen. Rangniedrigere ForscherInnen und AußernseiterInnen, die sich Anti-Establishment-Forschung leisten, werden als total „unseriös" totgeschwiegen oder lächerlich gemacht (z.B. Forschung gegen Gentechnik). Trotzdem tauchen manchmal Spuren ihrer Ideen in Arbeiten von Ranghöheren auf, bleiben aber unzitiert.

*Fazit: Spielregeln für NaturwissenschaftlerInnen*

1. Rangordnung feststellen. Wie weiß ich sonst, wer ich bin? Vorsichtige und wohlüberlegte Wahl des Geschlechts für die beste Ausgangsposition.
2. Maximale Wirkung erzielen. Aufgrund der Rangordnung in 1. vorsichtige und wohlüberlegte Wahl zwischen konventionellen und unkonventionellen Positionen.
3. Rangordnung erhöhen. Durch richtige Wahl der Position, dann durch Imponiergehabe und schließlich eventuell durch Forschung.
4. Zurück zu 1. und bis zur Pensionierung wiederholen.

## 2. Frauen und unkonventionelle Forschung in den Naturwissenschaften

*a. Wo passen Frauen in das naturwissenschaftliche Männchen-Männchen-System hinein?*

Es ist klar, daß es für Frauen schwierig ist, einen Platz in einem Männchen-Männchen-Rangordnungssystem zu finden. Da sie keine Männer sind, fangen Frauen ihre wissenschaftliche Laufbahn als rangniedrig oder als Außenseiterinnen/Parias an. Im Prinzip haben sie vier Möglichkeiten: 1. Sie akzeptieren bedingungslos die Regeln, Inhalte und Werte des männlichen Systems und versuchen mit allen Mitteln, ihren Rang zu erhöhen, üblicherweise mit konventioneller Forschung und aggressiverem Imponiergehabe; 2. Sie akzeptieren ihren niedrigen Rang und sind fleißig; 3. Sie lassen sich nicht auf das männliche Rangsystem ein und werden dadurch meistens zu Establishmentgegnerinnen und Parias oder 4. Sie steigen aus den wissenschaftlichen Institutionen aus.

Da unkonventionelle Forschung von Frauen mit hoher Wahrscheinlichkeit als Anti-Establishment-Forschung behandelt wird, bleiben für kreative und ehrgeizige Frauen nur die zwei Extreme offen: konventionell zu bleiben mit viel Imponiergehabe und „bloß nichts infragestellen!" – oder Establishmentgegnerin werden.

*b. Welche Gründe führen Frauen zur unkonventionellen und sogar zur Anti-Establishment-Forschung?*

Frauen sind sehr oft bei einer neuen Entwicklung mit dabei, obgleich sie in der Forschung unterrepräsentiert sind. Ich vermute – und es ist wirklich nur eine Vermutung –, daß Frauen prozentual in der unkonventionellen oder gar Anti-Establishment-Forschung überrepräsentiert sind. Trotz des höheren Risikos, sofort als Establishmentgegnerin abgestempelt zu werden. Warum entscheiden sich viele Frauen für den schwierigeren und gefährlicheren Weg?

Sicher ist die Entweder-Oder-Entscheidung, wie ich sie oben beschrieben habe, ein Grund dafür. Vielleicht aber forschen viele Frauen auch deshalb unkonventionell, das heißt anders, weil sie wirklich anders sind. Frauen haben eine andere Lebenserfahrung als Männer – körperlich, psychisch und sozial –, und diese andere Lebenserfahrung schlägt sich sicher in der Forschung einiger Frauen nieder. Auch die Entscheidung, Naturwissenschaftlerin zu werden, stellt eine Frau in eine andere soziale Position als einen Mann; sie ist nicht nur Außenseiterin innerhalb der Naturwissenschaften, sondern auch in der jetzigen Frauenwelt inklusive der Frauenbewegung. Wenn eine Frau die Fähigkeit, den Mut und die Lust hat, diese Unterschiede zwischen sich und anderen Frauen und auch zwischen sich und ihren Arbeitskollegen zu ertragen, ohne sich selbst als Frau zu leugnen und abzuwerten, dann muß sie sich erstens wirklich für die Forschung selbst interessieren, und zweitens ist sie eher für Abweichungen von den Konventionen der Forschung offen. Viele Frauen mögen die männlichen Rituale der Rangfeststellung nicht, und weil männlicher Rang nicht ihr Hauptziel ist, sondern die Forschung selbst, sind sie freier, sich selbst in ihrer Forschung auszudrücken, statt sich nur an dem, was gut imponiert, zu orientieren.

Schließlich forschen manche Frauen unkonventionell und Anti-Establishment, weil sie bewußte Feministinnen sind und das Patriarchat in allen bestehenden Strukturen inklusive ihrer eigenen Forschungsdisziplin kritisieren.

Leider sind trotzdem viele der Naturwissenschaftlerinnen auf Dauerstellen in deutschen Institutionen eher angepaßt, da die unkonventionelleren Frauen oft ausgestiegen werden oder von alleine aussteigen.

*c. Ein Beispiel, wie sich das Frausein in unkonventioneller Forschung von Frauen niederschlägt*

Hier möchte ich meine eigene Forschung beschreiben, die ich über Jahre zusammen mit einer Kollegin aus England, Jennifer Altman, betrieben habe. Teilweise war diese Forschung Anti-

Establishment, aber weil wir Methoden benützten, die zunehmend akzeptiert werden, und weil sich das internationale Establishment von sich aus mehr in unsere konzeptionelle Richtung bewegt, stufe ich unsere Forschung inzwischen als unkonventionell ein. Aber wie oben beschrieben, wird die Arbeit in Deutschland nach wie vor als Anti-Establishment rezipiert.

Unseren Ansatz können wir mit folgenden Fragen umschreiben: Wie kommen Entscheidungen in einem Nervensystem zustande? Wie ist ein Nervensystem organisiert, so daß ein Organismus spontan ein kohärentes Verhalten wählen, planen und starten kann? Was verursacht, daß ein spezifisches Verhalten in einer spezifischen Weise zu einer spezifischen Zeit ausgeführt wird? Was sind die neuronalen Grundlagen von Entscheidungsprozessen?

Weil Neurophysiologen (d.h. diejenigen, die Nervenzellfunktionen erforschen) reiz-induzierte Bewegungen untersuchen, und selten über „Entscheidungen" nachdenken, wurde das Konzept vom Kommando-System entwickelt, um Verhaltensauslösungen in „einfacheren" Tieren wie z.B. Insekten, Crustaceen, Mollusken zu erklären[11]. Diese Kommando-Systeme bestehen aus Gruppen von Nervenzellen, die nur auf ganz bestimmte Reize antworten, und die durch ihre Verschaltungen einen ganz bestimmten motorischen Effekt auslösen. Das heißt, das Verhalten wird als reiz-induziert betrachtet, spontanes Verhalten wird ignoriert. Inzwischen lehnen viele ForscherInnen, insbesondere die des Affen- und Menschenhirns, diese Vorstellung als zu einfach und simplizistisch ab. Trotzdem bleibt die Idee von einer übergeordneten oder mindestens lokalisierten Entscheidungsinstanz aktuell[12].

Ein Grund dafür, daß dieses simplizistische Konzept überhaupt entwickelt werden konnte, ist die Art der üblichen Versuche. Die neuronale Organisation von Bewegungen, wie z.B. Armbewegungen, wird in Experimenten untersucht, in denen die Freiheitsgrade der Bewegung so eingeschränkt sind, das sie stereotyp werden, um Variabilität und Komplexität zu reduzieren[13]. Bei Wirbellosen werden oft Teile des Nervensystems abgetrennt, wiederum um die Stabilität der reiz-induzierten Antworten zu erhöhen. Hier ist keine Rede von spontanem Verhalten und keine Möglichkeit, zu untersuchen, wie das Tier Verhaltensentscheidungen treffen könnte. Wir, Jennifer Altman und ich, haben in Experimenten versucht, das Tier in so freiem Zustand und so intakt wie möglich zu lassen, und bei Menschen eine möglichst große Freiheit der Verhaltenswahl im Versuch zu belassen. Wir haben so weit wie möglich das System agieren lassen und haben es beobachtet[14]. So sehen wir „Verhalten" in unseren Versuchen.

Es wurde uns deswegen schnell klar, daß es für uns kein allein entscheidendes Befehlszentrum gibt. Stattdessen haben wir ein kooperatives Modell entwickelt[15], in dem die verschiedenen Stationen alle miteinander kreisförmig verbunden sind, so daß Schleifen entstehen. Keine Funktion wird allein in einer Station ausgeführt, sondern wird durch die Verbindungschleifen getragen. Dieses Modell hat keine Befehlshierarchie, keine Schleife ist „wichtiger" als andere; sie sind alle in ihrer Verschiedenheit an allen Prozessen beteiligt und sind alle nötig, um das Endprodukt – natürliches Verhalten – zu erzeugen. Wegen der Schleifen beeinflußt Aktivität in jeder Station das ganze System, und so kommt das System zu einem neuen Zustand. Dieser Prozeß des Zum-neuen-Zustand-Kommens ist der Entscheidungsprozeß, und der neue Zustand ist das, was entschieden worden ist.

Dieses Modell ist anders als die meisten neuronalen Modelle, da Effekte nicht in temporale Sequenzen und monokausale Ketten gesetzt werden (z.B. A beeinflußt B, dann beeinflußt B C, und dann beeinflußt C wiederum A), sondern wir betonen die Gleichzeitigkeit und Kontinuierlichkeit dieser Beeinflussungen; während A auf B wirkt, wird es von C beeinflußt usw. Andere Unterschiede zwischen unserer Forschung und der von Kollegen sind, daß wir uns nicht auf eine Tierart oder -gruppe konzentrieren, sondern ein breites Spektrum vergleichen, welches von Mollusken zu Menschen reicht[16]. Weiter versuchen wir einen Überblick über das ganze System zu gewinnen und allgemeine Organisationsprinzipien herauszuarbeiten, statt uns auf Details in Teilen des Systems zu konzentrieren. Wir versuchen, einzelne Befunde in das ganze System einzubetten, statt sie erst als stellvertretend für das ganze System und dann kurz danach doch als das ganze System zu betrachten. Wir benützen Befunde von anderen Arbeitsgruppen, um Prinzipien auszuarbeiten und unsere Argumente zu stützen[17], anstatt sie oberflächlich zu zitieren oder zu ignorieren, was meistens der Fall ist.

Was haben die Unterschiede zwischen unserer und der konventionellen Forschung mit unserem Frausein zu tun? Die folgenden Unterschiede scheinen symptomatisch: 1. einen Überblick gewinnen zu wollen, statt sofort in die Tiefe zu dringen; 2. das untersuchte System so unberührt wie möglich zu lassen; 3. uns bewußt zu sein, daß wir natürliches Verhalten erklären wollen, nicht Labor-Artefakte; 4. ein kreisförmiges Modell aufzubauen, das nicht linear, sequentiell oder hierarchisch im Befehlssinn ist, sondern kooperativ und selbstorganisierend, und in dem nichts vor- oder fest geplant ist; 5. daß das Modell Beziehungen – Interaktionen zwischen Teilen – behandelt, nicht eine Analyse von Teilfunktionen in Isolation.

All diese Unterschiede deuten auf Eigenschaften, die oft „typisch weiblich" genannt werden, auf die Frauen stolz sein können. So scheint es, daß unser Frausein doch unsere Forschung beeinflußt, sei es durch unsere Andersartigkeit als Frauen und/oder durch unsere andere Position im Wissenschaftsbetrieb, die uns letztendlich doch mehr Freiheit gibt, es zu wagen, andersartige Gedanken auszudrücken.

## 3. Ist unkonventionelle oder gar Anti-Establishment-Forschung von Frauen feministische Naturwissenschaft?

### a. Was ist feministische Naturwissenschaft?

Der Ausgangspunkt der feministischen Naturwissenschaft ist eine Kritik der Naturwissenschaft als patriarchalem Herrschaftsinstrument; deshalb muß sie versuchen, eine neue, herrschaftsfreie und lebensfreundliche Naturwissenschaft zu entwickeln. Damit vertritt die feministische Naturwissenschaft auch die Interessen der Allgemeinheit und stellt heute das größte Änderungspotential in den Naturwissenschaften dar. Eine stringente Definition läßt sich noch nicht formulieren, da die Entwicklung einer feministischen naturwissenschaftlichen Theorie nur zusammen mit feministischen Entwicklungen in der Gesellschaft und mit der feministischen Theorie fortschreiten wird[18]. Zum Beispiel, während es schon feministische Ansätze in der Biologie[19] und in der Physik[20] gibt, bleibt die Frage nach der Definition einer feministischen Chemie völlig unbeantwortet[21]. Deswegen beschreibe ich einige mögliche pragmatische Stufen auf dem Weg zu einer feministischen Naturwissenschaft:

1. Kritik von Theorien, Fragestellungen, Ansätzen, Methoden und Resultaten. Hier besteht die Hoffnung, daß es möglich sein wird, aus der Kritik neue Ideen für eine „bessere" Wissenschaft zu gewinnen[22].
2. Die Anwendung der aus der Kritik gewonnenen neuen Ideen. Ich nenne das neue Inhalte – alte Methoden, weil diese Ideen und ihre Anwendung meistens innerhalb des traditionellen Rahmens bleiben.
3. Neue Inhalte – neue Methoden. Hier soll eine radikale Änderung des wissenschaftlichen Erkenntnisprozesses stattfinden. Während 1. und 2. der traditionellen Wissenschaft nur von einer „schlechten" zu einer „besseren" verhelfen können, soll hier eine neue Art von Naturwissenschaft mit ganz anderen Zielen geschaffen werden. Bisher einziges Beispiel in der Biologie ist der magisch-mimetische Ansatz von Sarah Jansen in der Ökologie[23].

*b. Unkonventionelle oder Anti-Establishment-Forschung von Frauen und feministische Naturwissenschaft*

Unkonventionelle oder Anti-Establishment-Forschung und Kritik können nur als feministische Naturwissenschaft bzw. Kritik bezeichnet werden, wenn die Abweichung von der konventionellen Naturwissenschaft auf einer Patriarchats- oder Herrschaftskritik basiert. Das heißt, eine Kritik muß in irgendeiner Form den gesellschaftlichen Kontext in Betracht ziehen. Zum Beispiel ist es in der Soziobiologie üblich, hauptsächlich das Verhalten von männlichen Tieren zu betrachten; eine Kritik dieser Praxis wird nur dann zu feministischer Naturwissenschaftskritik, wenn dies als Ausdruck der patriarchalen Gesellschaft, des patriarchalen Wissenschaftsparadigmas und -betriebs interpretiert wird. Feministische Naturwissenschaftskritik ist in ihrem Versuch, sowohl ein neues gesellschaftliches wie ein neues wissenschaftliches Paradigma herbeizuführen, essentiell politisch.

Forschung in der 2. Kategorie „neue Inhalte – alte Methoden" kann ähnlich bewertet werden. Zum Beispiel zählen Arbeiten, die eine herrschaftsfreie Form in einem Aspekt präsentieren, nur dann zur feministischen Naturwissenschaft (oder ihrer ersten Stufe), wenn dieser Aspekt in Beziehung zur feministischen Theorie und Kritik gesetzt wird. Neue Computerwissenschaften – „Neural Computation" oder neuronale Netzwerke – bieten Beispiele von nicht-hierarchischen bzw. selbstorganisierenden Modellen. Diese Forschung ist aber deswegen nicht feministisch; die Motivation hinter ihrer Entwicklung war nicht eine Kritik von Herrschaftsstrukturen im Forschungsfeld der künstlichen Intelligenz, vielmehr ließen sich konventionelle Probleme mit diesen Modellen besser lösen. Darüber hinaus wird die Mehrheit dieser Systeme für militärische Anwendung entwickelt.

Mit diesen Kriterien wird klar, daß unkonventionelle Forschung von Frauen nicht zur feministischen Naturwissenschaft wird, nur weil sie von Frauen gemacht wird. Nur eine Frau, die feministischen Theorien folgt und sie in ihre Arbeit einbezieht, kann feministische Naturwissenschaft produzieren. Unkonventionelle Forschung von Frauen, die nicht bewußt feministisch forschen, sondern aus ihrer Lebenserfahrung als Frau schöpfen, kann sich aber in Richtung feministischer Naturwissenschaft bewegen, wenn die Forscherinnen die Zusammenhänge zwischen ihrer Forschung und ihrem Frausein entdecken und sich so im Nachhinein der sozialen und politischen Implikationen bewußt werden.

Dieses Bewußtwerden wirkt sich oft sehr kreativ auf die Forschung aus, weil es neue Vorgehensweisen anregt. In meiner Arbeit zum Beispiel war ich mit den Befehlsstrukturen des konventionellen Paradigmas unzufrieden, weil meine Daten nicht dazu paßten[24], und so haben wir andere Modelle entwickelt[25]. Nur im Nachhinein sahen wir die Zusammenhänge zwischen der Organisation des Wissenschaftsbetriebs und dem unkonventionellen Paradigma, und das hat uns angeregt, herrschaftsfreie oder anarchische Strukturen zu untersuchen. Trotzdem kann ich unsere Forschung nicht als feministische Naturwissenschaft bezeichnen. Auch wenn wir uns jetzt der genannten Zusammenhänge bewußt sind, sind diese nie in unseren Veröffentlichungen explizit geworden, und die Hauptmotivation für unsere Arbeit war der Selbstausdruck und nicht ein politischer Ansatz.

Unkonventionelle Forschung von Frauen, die die Kriterien für feministische Naturwissenschaft nicht erfüllt, ist dennoch für die feministische Naturwissenschaft sehr wertvoll. Gerade weil sie alternative Perspektiven erzeugt, können dann andere, feministische Forscherinnen diese Arbeiten in ihre feministische Naturwissenschaftskritik einbeziehen und als Basis, Stütze oder Anregung auf dem Weg zur feministischen Naturwissenschaft benützen.

*Bei dem vorliegenden Text handelt es sich über eine überarbeitete Version, erschienen in: Koryphäe 9, April 1991, 36-41.*

## Anmerkungen

[1] Kuhn, T.S.: Die Struktur wissenschaftlicher Revolutionen, Frankfurt/M. 1967.
[2] Kien, J.: Gibt es „weibliche" oder „männliche" Naturwissenschaft?, Mitteilung der TU Braunschweig, Jg. XXIV, 1, 1989, 46-49.
[3] Kupfermann, I./Weiss, K.: The command neuron concept, Behav. Brain Sci. 1, 1978, 1-10.

4 Davis, W.J.: Organisational concepts in the central motor networks of invertebrates, Adv. Behav. biol. 18, 1976, 265-292. Kien, J.: The initiation and maintenance of walking in the locust: an alternative to he command concept. Proc. Roy. Soc. B., 219, 1983, 137-174. Kien, J.: From command fibres to command systems to consensus. Are these labels really useful anymore? Behav. Brain Sci. 9, 1986, 732-733. Eaton, R.C./DiDemenico, R.: Command and the neural causation of behaviour: a theoretical analysis of the necessitiy and sufficiency paradigm, Brain Behav. Evol., 1987, 132-164. Altman, J.S./Kien, J.: A model for decision making in the insect nervous system, in: Nervous systems in Invertebrates, Ali, M.A. (Hg.), New York 1987, 621-643. Kien, J./Altman, J.S., Decision making in the insect nervous system, in: Neurobiology of motor programme selection: new approaches to the study of behavioural choice, Kien, J./Mc Crohan, C.R/Winlow, W. (Hg.), Manchester 1991.

5 Für einen Überblick dieser Arbeiten siehe: Davis, W.J.: Central feedback loops and some implications for motor control, in: Feedback in Motor Control, Barnes, W.J.P./Gladden, M.M.(Hg.), London 1985, 13-34.

6 Hopfield, J.J./Tank, D.W.: Computing with neural circuits: a model, Science 233, 1986, 625-633.

7 Kien, 1986, siehe 5.

8 Kuhn, 1967.

9 Hausen, K./Novotny, H. (Hg.): Wie männlich ist die Wissenschaft?, Frankfurt/M. 1986. Jansen, S.: Biologinnen 3 - Strukturelle Barrieren, Biologie heute, 372, 1990, 8. Völger, G./Welck, K. v.: Männerbünde - Männerbände. Zur Rolle des Mannes im Kulturvergleich, Katalog zur Ausstellung, Köln 1990.

10 Weinstein, N.: Psychology constructs the female, in: Women in Sexist Society, Gornick,V./Morgan, B.K.(Hg.), New York 1972. Blaffer-Hrdy, S.: The woman that never evolved, Cambridge Mass. 1981.

11 Kupfermann/Weiss, 1978.

12 Libet, B.: Unconscious cerebral initiative and the role of the conscious will in voluntary action, Behav. Brain Sci. 8, 1985, 529-566. Grobstein, O., Directed movement in the frog: spatial representation, motor choice free will?, in: Neurobiology of motor programme selection: new approaches to the study of behavioural choice, Kien, J./McCrohan, C.R./Winlow, W. (Hg.), Manchester 1991.

13 Humphrey, D.R./Freund, H.-J. (Hg.): Motor control: concepts and issues. Dahlem Konferenzen, Chichester 1989.

14 Kien, J.: Neuronal activity during spontaneous walking - I,II, Comp. Biochem. Physiol. 95A, 1990, 607-621 und 632-638.

15 Kien, J.: 1983; Altman, J.S./Kien, J., 1987, siehe 5. Altman, J.S./ Kien, J.: New models in motor control, Neural computation 1, 1990, 173-183. Altman, J.S./Kien, J.: Highlightling Aplysia's networks, TINS 13, 1990, 81-82.

16 Altman, J.S./Kien, J., 1990, siehe 14. Kien, J., Remembering and planning: a neuronal network model for the selection of behaviour and its development for use in human language, in: Evolution of Information Processing Systems: an interdisciplinary approach to understanding nature

from the physical to the socio-technical level, Haefner, K./Riemann-Kurtz, U. (Hg.), Berlin 1992.

[17] Altman und Kien, 1989, siehe 14. Kien und Altman, 1991, siehe 5.
[18] Bleier, R.: Science and Gender, Oxford 1984. Für einen Überblick siehe auch: Maurer, M.: Feministische Kritik an Naturwissenschaft und Technik. Hochschuldidaktische Arbeitspapiere Nr. 23, Hamburg 1989.
[19] Jansen, S.: Magie und Technik, Beiträge feminist. Theorie und Praxis 12, 1984, 69-81.
[20] Rübsamen, R.: Patriarchat – der (un)heimliche Inhalt der Naturwissenschaft und Technik, 290-307, in: Feminismus. Inspektion der Herrenkultur, Pusch, L.F. (Hg.), Frankfurt/M. 1983.
[21] Rübsamen, R.: Vortrag an der Universität Bremen, 1989.
[22] Bleier, R., 1984, siehe 17, 205.
[23] Jansen, S., 1984.
[24] Kien, 1983.
[25] Kien, 1983; Altman und Kien, 1987; Kien und Altman, 1991: siehe Anm. 4. Altman und Kien, 1989, siehe 14.

*Ester Tamm*

# Naturwissenschaft und Geschlechterrolle
Oder: Wie wir aus einer Tugend
wieder eine Not machen

Einleitung

Die folgenden Ausführungen sollen zeigen, inwiefern statt Objektivität männliche Parteilichkeit in den üblichen methodischen Grundlagen der naturwissenschaftlichen Forschung steckt. Männliche Parteilichkeit finden wir in der methodischen Forderung, daß wirklich fundierte naturwissenschaftliche Ergebnisse durch Experimente gestützt sein müssen und in der Forderung, daß ForscherInnen alle persönlichen Aspekte weglassen müssen, um Objektivität zu erzeugen.

Hinter diesen Anforderungen an „naturwissenschaftlich fundierte" Forschung verschanzt sich ein Defizit der (typischen) männlichen Sozialisation, die Unfähigkeit zum offenen, gleichberechtigten Umgang. Diesen Zusammenhang aufzudecken, ist vor allem deshalb wichtig, weil damit gleichzeitig eine Ungeheuerlichkeit den Charakter eines Nebeneffekts verliert: die Naturwissenschaften arbeiten weltweiter Zerstörung zu und zwar nebenher und außerhalb der Verantwortung naturwissenschaftlichen Forschens und der ForscherInnen.

Zunächst stelle ich einen vorbildlichen und einen abschreckenden Umgang mit Voraussetzungen dar. Den ersten finde ich in der axiomatischen Mathematik, die versucht, ihre Voraussetzungen auszuformulieren. Den zweiten belegen Beispiele aus der biologischen Forschung zu Geschlechtsunterschieden. Stillschweigend und deshalb nahezu unbemerkbar können hier Ergebnisse mit Vorurteilen begründet werden. Wir werden sehen, daß dieses „stillschweigende" Verfahren von einer überholten Vorstellung von Objektivität getragen wird.

Die biologischen Beispiele werden uns aber auch zu einer allgegenwärtigen wissenschaftlichen Fehlinterpretation führen: Unterschiede werden nicht gleich behandelt und bewertet. Sie werden statt dessen ohne wissenschaftliche Überprüfung als Rangordnung interpretiert und behandelt, kurz „unfundiert hierarchisiert". Dieses fehlerhafte Denkschema gibt uns nun den Ansatzpunkt für feministische Kritik an den harten Naturwissenschaften, wie Mathematik, Logik, Physik, an Wissenschaften also, die sich selbst für geschlechtsneutral halten, nur weil sie keine Lebewesen untersuchen und weil ihre Methoden mathematisch sind: Feministische Kritik fordert hier, Alternativen zu hierarchischen Ordnungen zu bedenken. Sie fordern deren wissenschaftliche Rechtfertigung in jedem Einzelfall.

Schließlich gelingt es aber auch, einen Hierarchisierungsaspekt im Vorgang der naturwissenschaftlichen Abstraktion selbst aufzudecken. In der Rolle der Abstraktion vom Menschen in diesen sogenannten harten Naturwissenschaften steckt eine androzentrische Hierarchie. Dazu ziehe ich eine Parallele zwischen naturwissenschaftlichem Vorgehen und moralisch reifem Handeln. Carol Gilligans Kritik an einer angeblich vorbildhaften Rolle von Prinzipien bei moralisch reifen Entscheidungen übertrage ich auf eine Kritik an einer ebenso „vorbildhaften" Rolle der Abstraktion in den Naturwissenschaften. Ich stelle einem wirklich hierarchiefreien, weil prinzipienfreien Umgang mit Interessenunterschieden die Forderung nach wirklich hierarchiefreiem Umgang mit der Natur an die Seite, als Kriterium für reife Naturwissenschaften. Ich werde zeigen, daß solche hierarchiefreien Naturwissenschaften nur fragen dürfen, anstatt natürliche Vorgänge mit Experimenten zu manipulieren und zu beherrschen. Sie werden darüber hinaus auch Naturwissenschaften sein, die sich der Verantwortung stellen für die Destruktion, die sie mit ihren Techniken ermöglichen.

## A. Objektivität und Selbstverständlichkeit

*AI. Mathematik: Objektivität durch Offenlegung*

Die Mathematik ist der Ausgangspunkt meiner Überlegungen, weil sie losgelöst ist von ethischen und sozialen Forschungsinhalten, weil in dieser Disziplin unabhängig davon geforscht wird, ob ihre Inhalte gut oder böse oder einseitig (z.B. patriarchal) sind. Gerade diese Einstellung hat zur Erkenntnis geführt, daß Exaktheit und Objektivität eine soziale Komponente enthalten, und daß WissenschaftlerInnen einen naturwissenschaftlichen Umgang damit pflegen können und auch müssen.

Die Suche nach Exaktheit und Objektivität hat wohl vor mehr als 2000 Jahren (für unsere europäische Tradition) in Griechenland begonnen. Dort hat man begonnen, die Grundlagen für die Mathematik auszuformulieren. Diese Versuche haben schließlich erst in diesem Jahrhundert ergeben, daß es keine einzige Grundlage, keinen festen Boden für die Mathematik gibt. Wissenschaft steht deshalb insgesamt auf konventionellen (oder intersubjektiven) Füßen und zwar in ihrer Methodik, und natürlich ganz besonders, wenn sie mathematisiert ist. Als praktische Konsequenz daraus ergibt sich, daß jede Disziplin und Forschung ihre Argumentationsbasis nur mehr oder weniger subjektiv auswählen kann und deshalb ausdrücklich benennen muß.

Den Gedankengang möchte ich hier skizzieren: Objektive wissenschaftliche Gesetzmäßigkeiten können nicht entdeckt und dann aufgeschrieben werden. Da man natürlich nicht alles gleichzeitig infrage stellen kann, muß man immer etwas als gültig voraussetzen. Um wissenschaftliche Gesetzmäßigkeiten zu formulieren, muß frau/man sich auch auf etwas anderes (als gültig) stützen. Im allgemeinen stützen wir uns stillschweigend auf „unsere persönlichen Selbstverständlichkeiten" oder die der Disziplin oder Gruppe. Das sind dann die ungeprüften inhaltlichen Voraussetzungen eines Forschungsergebnisses (oder einer Disziplin). Hinter Gesetzen müssen immer auch Voraus-Setzungen stehen.

Darüber hinaus prüft jede Forschung Annahmen und rechtfertigt ihre Ergebnisse. Deshalb muß jede Forschung stets Prüfungs- oder Rechtfertigungskriterien voraussetzen. Womit aber könnte man diese Kriterien selbst letztlich rechtfertigen, ohne in einen unendlichen Begründungszirkel zu geraten? Forschung kann also insbesondere ihre Prüfungs- oder Rechtfertigungskriterien bestenfalls nur zur Diskussion stellen, nicht alle begründen.

Jedes Forschungsergebnis basiert somit zwangsläufig auch auf ungeprüften Annahmen und Prüfungsregeln. Die axiomatische Methode der Mathematik trägt nun dieser Erkenntnis Rechnung. Ihr Ausweg aus diesem Forschungs-Dilemma ist die explizite Ausformulierung der gewählten Basis, der ungeprüften Voraussetzungen.

Drei Anmerkungen zur Übertragbarkeit und den Grenzen dieser Forderung nach Benennung der ungeprüften Voraussetzungen:

1. Natürlich macht die Benennung der Grundlagen weder die Mathematik noch irgend eine Wissenschaft immun gegen Kritik und Fehler! Der Versuch der Rechtfertigung des ersten Axiomensystems hat gerade zur Entdeckung geführt, daß es für die Mathematik kein einziges Axiomensystem geben kann, daß keine Basis selbstverständlicher sein kann als alle anderen!
2. Natürlich kann auch letztlich niemals alles explizit ausformuliert werden, genauso wie niemals alles gerechtfertigt werden kann. An einer Stelle muß ja zumindest gemeinsames Sprachverständnis vorausgesetzt werden, damit Axiome und Rechtfertigungsregeln überhaupt angewendet werden können.
3. Der Zwang zu einer gewissen Willkürlichkeit in der Entscheidung dafür, was vorausgesetzt und was wissenschaftlich bewiesen wird (weil nicht alles gerechtfertigt werden kann), führt nicht etwa dazu, daß alles Mögliche gleichberechtigt behandelt werden muß oder darf. Sondern wir werden uns auf eine neue Art der wissenschaftlichen Diskussion einlas-

sen müssen, auf die Rechtfertigung der „Selbstverständlichkeiten" unserer Forschung.

Die Mathematik zeigt: Die traditionelle naturwissenschaftliche Forderung nach Objektivität ergibt, wenn sie konsequent zu Ende gedacht wird, daß Voraussetzungen explizit benannt werden müssen, weil diese zwangsläufig eine Willkürlichkeits- und Subjektivitätskomponente enthalten.

Die naturwissenschaftliche Forschungs- und Begründungspraxis sieht jedoch anders aus. Wir sind hier leider ebenso wie im Alltag geneigt, davon auszugehen, daß etwas, das nicht ausdrücklich begründet wurde, schon seine guten Gründe hat. Die „guten Gründe" sind aber Alltags-Konventionen und sind im Kontext wissenschaftlicher Erkenntnisse besonders unzuverlässig.

Jede Begründung schließt bei dem, was sie für selbstverständlich hält, und sie öffnet sich damit einer anderen Art der Diskussion. Die Diskussion der Grundlagen von Forschungsergebnissen und ihrer Unschärfen ist nicht – wie gerade NaturwissenschaftlerInnen so gerne glauben und behaupten – ausschließlich ein Problem der Geisteswissenschaften. Die Basis in jeder Wissenschaft, auch der Mathematik, ist stets unscharf und vorläufig, sie ist damit konsensbedürftig.

Der zentrale Punkt hierbei ist, prinzipiell die Forderung zu akzeptieren, daß die Basis ausformuliert werden muß. Der „Trick" hinter dieser Forderung ist, daß allein dadurch, daß WissenschaftlerInnen ihnen Selbstverständliches ausformulieren, sie oft schon Zweifel bekommen werden, ihnen plötzlich klar wird, daß es „eigentlich" vielleicht gar nicht so selbstverständlich ist (schließlich hat man 2000 Jahre lang ein „plausibles" mathematisches Axiomensystem gesucht). Deshalb muß und soll für die Basis Konsens erreicht werden.

Wie offen dann mit Kritik an der Basis von innen oder außen umgegangen wird, das ist der nächste Schritt. Es geht hier darum, eine gute Basis für diesen nächsten Schritt zu schaffen. Feministische Kritik an den harten Naturwissenschaften wird bisher bestenfalls als psychologisch verständlich aufgefaßt. Sie hat zur Zeit in jeder Disziplin am Kaffeetisch ihren „besten" Platz. Voraussetzungen rücken jetzt höchstens als Paradigmen, als unvermeidbar heimliche Zerstörer ins Blickfeld.

Intersubjektive Objektivität fordert jedoch eine Arbeitsteilung zwischen Wissenschaft und Wissenschaftskritik. Jede Wissenschaft muß selbst, qua Objektivität und nicht am Kaffeetisch, durch Offenlegung der Basis (feministischer) Wissenschaftskritik Zugang verschaffen. Es ist ein Mangel der Disziplin oder Forschung selbst, wenn sie ihren Beitrag zur Herstellung einer konsensfähigen Basis verweigert, d.h. wenn sie für sie Selbstverständliches nicht ausdrücklich benennt. Jede Disziplin muß sich Gedanken machen, was sie benützt, ohne es zu überprüfen und es zu nennen. Wenn schließlich Kritik in Vermutungen über Voraussetzungen ausufert, Indizienprozesse führt, dann hat die Forschung ihren Beitrag zur Objektivierung ihrer Ergebnisse nicht geleistet. Wissenschaftskritik von außen überprüft eigentlich nur diese Basis auf Vollständigkeit und Konsensfähigkeit. Wenn sie sie erst aufstellen muß, nun, dann handelt es sich sicher um feministische Naturwissenschaftskritik.

*AII. Biologie der Geschlechterunterschiede:*
*Diskriminierung durch Weglassung*

Anders als im oben angeführten Beispiel aus der Mathematik (die an vielen Orten ihre androzentrischen blinden Flecken hat) wird in der Praxis der Naturwissenschaften die Basis nicht ausreichend reflektiert oder zur Diskussion gestellt. Dadurch können Serien innerdisziplinär falscher Ergebnisse produziert werden.

De facto gibt es vor allem folgende gängige Verfahren, mit dem Problem der stets vorläufigen Basis umzugehen (für Gruppen und Individuen): a. Überlegungen dazu anstellen, b: sie dann auch offen diskutieren oder aber c: sie im Unbewußten belassen oder d. sie bewußt verschleiern und unterdrücken. Selbstreflexion, Konsens oder Verschleierung. Diese Begriffe geben den passenden Kontext für die Erforschung von Geschlechtsunterschieden in der Biologie.

Vorausgeschickt sei, daß vor allem amerikanische BiologInnen den zwangsläufig nicht exakt faßbaren Zusammenhang zwischen den biologischen Geschlechtsunterschieden und allen feststellbaren Unterschieden zwischen den Geschlechtern unter die Lupe genommen haben. Der Begriff Geschlechterrolle rückt uns ins Bewußtsein, daß die Gesellschaft Unterschiede erwartet und erzeugt, er faßt die Geschlechtsunterschiede begrifflich zusammen. Sie haben historische und politische Wurzeln, die nicht durch die Biologie festgeschrieben sind.

Natürlich kann die Erforschung von Geschlechtsunterschieden nicht ohne Grundannahmen auskommen, und auch die Grenze zwischen Biologie und Gesellschaft kann nie wirklich klar sein. Ich möchte zeigen, wie dieser Situation Rechnung getragen wird.

*Beispiel 1. Lernverhalten.* Nahezu die ganze Forschung über Tierverhalten wurde (vor 1980) an Ratten durchgeführt, und zwar an männlichen Ratten[1]. Weibliche Ratten – so die „Erklärung" – haben nämlich einen 4-Tage-Zyklus, der stört. Frau staunt, nicht wahr? Stört der weibliche Zyklus beim Lernverhalten?

Ganz analog hieß es wörtlich in einem Aufruf für Pharmatests[2]: die „Probanden sollen jung, männlich und gesund sein, weil der weibliche Zyklus die Werte verändern kann". Veränderungen durch den Zyklus sind also unwichtig für die Forschung oder aber störend? Wovon darf frau ausgehen, wenn sie Pillen schluckt?

*Beispiel 2. Hirnforschung*[3]. Bei der Forschung über die hormonale Steuerung der Geschlechterdifferenzierung im männlichen und weiblichen Rattengehirn (des Hypothalamus, der die weibliche zyklische Hormonausschüttung steuert), hat man festgestellt, daß männliche Ratten, denen man bei der Geburt die Hoden entfernt (die die männlichen Hormone produzieren), die Fähigkeit zu einem weiblichen Zyklus (im Hypothalamus) entwickeln. Weibliche Ratten hingegen, denen man die Eierstöcke entfernt, behalten ihren weiblichen Zyklus, verändern sich also nicht, wenn man die Produktionsstätte der weiblichen Hormone entfernt.

Also ist, so folgerte man, die männliche Form die weiter differenzierte (und das vielleicht nicht nur bei Ratten?). Das männliche Hormon löst die Differenzierung aus, es hat einen „organisierenden" Effekt auf das Gehirn. Weib bleibt halt nur Weib, wenn nichts organisiert wird.

Das wäre weniger problematisch, wenn Urform bei uns nicht gleichzeitig als primitiv und unterentwickelt und undifferenziert gelten würde.

Die hier benützten Formulierungen verraten der sensiblen LeserIn oft die ungeprüften Vorannahmen (die „stillschweigenden" Hierarchisierungen), die sich in griffiger, anschaulicher Sprache verstecken. Diese Sprache soll der Verständlichkeit dienen, es ist aber gleichzeitig ein Verfahren, das sehr effektiv KonsensUNfähigkeit vertuscht. Anschauliche Bilder und umgangssprachliche Formulierungen suggerieren Selbstverständlichkeit.

*Beispiel 2: 1. Fortsetzung.* Schließlich fand man nach zehn Jahren[4], daß mit den Hoden zwar auch die männlichen Hormone aus dem Körper entfernt sind, nicht aber richtig ist, daß die weiblichen Hormone nach der Entfernung der Eierstöcke entfernt sind. Bis zu dieser Feststellung vergingen zehn Jahre, weil man, so unglaublich das klingt, zehn Jahre ausschließlich die Effekte von männlichen Hormonen untersuchte. Man ging stillschweigend von einer Hierarchie aus, daß man nur männliche Hormone untersuchen muß, um alles zu erfahren.

Es war aber doch nur gezeigt worden, daß es einen Unterschied gibt bei der Reaktion nach der Entfernung der Organe, die die männlichen bzw. weiblichen Hormone produzieren. Die Geschichte mit dem „organisierenden" Effekt der männlichen Hormone konnte danach nicht aufrecht erhalten werden.

*Beispiel 2: 2. Fortsetzung.* Wie sieht das noch mal zehn Jahre später aus? In einem Übersichtsartikel[5] zum Thema Geschlechterdifferenzierung im Gehirn wird die Tatsache, daß männliche Hormone in ein klassisch weibliches Hormone umgewandelt werden bevor sie zur Geschlechtsdifferenzierung beitragen (also vielleicht gerade das weibliche Hormon das differenzierende ist?), umwerfend schlicht so formuliert: „Die weiblichen Hormone tauchen als Stoffwechselprodukte der männlichen auf".

Nicht nur weibliche Urform, also die unterentwickelte Vorstufe, sondern jetzt auch noch das spezifisch Weibliche als bloßes Stoffwechselprodukt der höheren, differenzierteren Form?

Wäre Ihnen jede dieser Entwertungstechniken sofort aufgefallen?

Noch ein klassisches Beispiel, diesmal aus der Primatenforschung. *Beispiel 3. Bei Affen,* unseren nächsten tierischen Verwandten, wurde beobachtet: Das dominante Männchen hat das Vorrecht beim Bespringen der Weibchen. Schlußfolgerung: Es hat das Vorrecht auf Zeugung.

Man/frau hat allerdings schließlich herausgefunden, daß die Befruchtung fast nie beim ersten Bespringen stattfindet!

Offensichtlich sind die Forscher nicht auf die Idee gekommen, daß es äußerst problematisch wäre, wenn die Selektion die Dominanz bei der Nachkommenzeugung derart bevorzugen würde. Die immer noch verbreitete Annahme, daß Dominanz selbstverständlich (auch) ein Vorteil (für die Selektion) sein muß, ließ sie solch simple Zusammenhänge in einem komplexen Forschungsgebiet vermuten, anstatt kritisch zu prüfen: Ist das Bespringen selbst ein „Vorrecht", für das Weibchen etwa? Geht es um Sex oder um Nachkommen? Hier ist „einfach nur" das Männchen im Blick.

Unter diesem Gesichtspunkt (wer oder was ist im Blick) kann frau auch über die These vom „survival of the fittest" nachdenken. Oder sie kann darüber nachdenken, wann überhaupt (dominantes) Verhalten Vorteile bringen könnte (für wen, wozu?). Diese Liste ließe sich fortsetzen.

In den Beispielen stecken jeweils nicht explizit genannte Voraussetzungen. Zusammengefaßt lauten die kritischen Punkte:

*1. Beispiel:* Es genügt in Bezug auf Lernverhalten, Männchen zu untersuchen. Der weibliche Zyklus stört. Wen oder was? Der Mann repräsentiert die Spezies! Etwa im allgemeinen und auch bei Pharmatests?

*2. Beispiel:* Hoden entfernen heißt männliches Hormon entfernen, *also* heißt Eierstöcke entfernen unbesehen und selbstverständlich, weibliche Hormone entfernen. Wieder falsche, stillschweigende Übertragung vom Männlichen: weibliche Hormone müssen nicht direkt weiter untersucht werden.

*3. Beispiel:* Dominanz gleich Sexvorrecht, aber keine Chance für Nachkommen? Was zählt? Wer zählt?

Es lohnt sich darüber nachzudenken, daß Systeme oder gemeinsame Strickmuster hinter dieser Liste stecken. Hinter der Tatsache, daß es diese deformierten Ergebnisse gibt, diese und viele mehr? Wir können die Verbindungen mehr oder weniger eng fassen:

1. Die Argumente waren zunächst, jedes für sich, nur lückenhaft aufgrund irgendwelcher nicht ausdrücklich formulierter Voraussetzungen.
2. Die expliziten Hinterfragungen dieser ungenannten Voraussetzungen führten in jedem Fall zu überraschenden Ergebnissen.
3. Überall wurde die Überprüfung einer Voraussetzung unterschlagen, einer Voraussetzung, die dann nachweislich falsch und als solche natürlich nicht mehr konsensfähig ist.
4. Es gab sogar Voraussetzungen, wie in der Formulierung der „Störung durch den weiblichen Zyklus", oder „Vorrecht" zum Bespringen der Weibchen, die allein dadurch, daß wir sie bewußt lesen, wie von selbst ihre Plausibilität verlieren, die schon nach genauem Hinhören (zumindest für bestimmte Gruppen) nicht konsensfähig bleiben.

Vom biologisch-wissenschaftlichen Standpunkt aus hat man tatsächlich nur in jedem einzelnen Fall „zufällig" vergessen, irgend etwas infrage zu stellen, obwohl alle Beispiele zusammen (und andere mehr) offenbar den gemeinsamen, aber in dieser Form (zwangsläufig) verschwiegenen Nenner haben: Der Mann ist Norm, die höhere Form Mensch.

Für die gemeinsam vorausschauende Verhinderung solcher systematischer Fehler ist innerhalb der Disziplin kein Platz vorgesehen! Ein in Wirklichkeit nie fundiertes „Ergebnis" ist auf diese Weise zwanzig Jahre lang akzeptabel und findet noch heute „Verwendung"?

Der Aufdeckung aller dieser Patriarchen-Kurzschlüsse und ihrer Produktion möchte ich hier sicherheitshalber hinzufügen: Natürlich denken nicht nur Männer androzentrisch. Das Denken im männlichen Bezugsrahmen ist (natürlich) keineswegs an das biologisch männliche Geschlecht gebunden. Erfreuliche und unerfreuliche Zitate in den obigen Beispielen stammen von Frauen und Männern.

Die Diskussion der Beispiele zeigt konkret, wie Diskriminierung über stillschweigende Voraussetzungen läuft, über Vorurteile, die in selbstverständlichen umgangssprachlichen Formulierungen versteckt sind.

## B. Ist eine moralisch reife Naturwissenschaft weiblich sozialisiert?

*BI. Die moralische Unreife des Mannes*

Ich will jetzt über den androzentrischen Blick, über die Entwertung alles Weiblichen hinausgehen. Besonders wichtig erscheint es mir, die unreflektierte Hierarchisierung von Unterschieden zu hinterfragen. Ich komme zu einem letzten gemeinsamen Aspekt in der Liste von Trugschlüssen aus der Erforschung von biologischen Geschlechtsunterschieden:

Woher kommt es, daß bei der Interpretation der Ergebnisse kaum an die Möglichkeit verschiedener aber gleichwertiger

Varianten in der Natur gedacht wurde? Oder noch weiter gefragt: Wieso werden Unterschiede nicht immer unter der Prämisse erforscht, daß es mehrere gleichwertige, wenn auch unterschiedliche Möglichkeiten gibt. Das Gegenteil geschieht, wenn irgendwelche Unterschiede beobachtet werden in gemischt-geschlechtlichen menschlichen Gruppen und in Affengruppen, bei männlicher und weiblicher Hormonproduktion, bei männlichem und weiblichem Sozialverhalten etc., dann werden de facto, aber theoretisch ganz und gar nicht zwangsläufig, Unterschiede hierarchisiert. In der Regel werden beobachtete Unterschiede ungeprüft und meist fälschlich hierarchisiert, z.B. auch indem nur eine Alternative untersucht wird.

Wieso ist das in dieser Allgemeinheit möglich?

Meine Antwort auf diese Frage beruht auf einer Auseinandersetzung um die Vorstellung von moralischer Reife[6]. In der Entwicklungspsychologie gibt es eine Modellvorstellung davon, was eine reife moralische Entscheidung ist, und daß den Menschen dorthin drei Entwicklungsstufen führen. Die höchste Stufe zeichnet sich vor den anderen Stufen durch die Einbeziehung von abstrakten, d.h. universell anwendbaren Prinzipien aus.

Experimentelle Untersuchungen der Begründung von Entscheidungen in Konfliktsituationen zeigen, daß diese höchste Stufe von Frauen seltener erreicht wird als von Männern!

Carol Gilligan hat sich mit dieser Modellvorstellung auseinandergesetzt. Ihr Ergebnis war, daß Frauen ihre Entscheidungen seltener auf der Basis abstrakter Prinzipien reflektieren. Frauen lösen Konflikte eher durch Interaktion, durch konkrete Interessenabwägung für die konkrete Situation, ohne Rückgriff auf die abstrakte Ebene. Frauen sind an der Aufstellung und Überprüfung abstrakter Prinzipien weniger interessiert.

Nun stellt sich doch sofort die Frage: nicht, was ist besser? (Vorsicht Hierarchisierung!) sondern, was sind die jeweiligen Vor- und Nachteile? Sollen moralische Konflikte über *Abstraktion* (Berufung auf und Formulierung von Prinzipien) gelöst werden oder über *Interaktion* (d.h. Auseinandersetzung mit real Beteiligten und Betroffenen)? Was spricht für die eine, was für die andere Variante? Und hier viel wichtiger, was ist mit diesen beiden Alternativen, Interaktion und Abstraktion, in den Naturwissenschaften? Denn sie spielen eine zentrale Rolle in der naturwissenschaftlichen Forschung.

Die *Interaktion*
– mit der Forschungsgemeinschaft, den GutachterInnen,
– mit Geldgebern,
– mit von Ergebnissen Betroffenen

spielt hier allerdings (weder zufällig noch zu recht) die heimliche und unreflektierte Rolle, während die Abstraktion ins Rampenlicht gerückt ist. Beider Rolle steht aber auch hier in engem Zusammenhang.

In der Tat genießen *Abstraktion* und Abstraktionsfähigkeit in den Naturwissenschaften eine ungeheure Wertschätzung. Ich möchte diese einseitige Wertschätzung der Abstraktion auf Kosten der Interaktion ins Wanken bringen[7], zeigen wie eng Abstraktion tatsächlich mit der Vermeidung von Interaktion verknüpft ist:

– Steckt hinter der hochbewerteten Fähigkeit zur Abstraktion – im moralischen Kontext Prinzipien/Gesetze aufzustellen und heranzuziehen – vielleicht eine Furcht vor Interaktion?
– Steckt dahinter eine *Unfähigkeit* zur konkreten Interaktion mit wirklich Gleichberechtigten, Unfähigkeit zum Umgang mit einem realen Gegenüber?
– Steckt hinter Abstraktion vielleicht allein das problematische Bedürfnis nach Hierarchie, sublimiert in der Wahl und Unterwerfung unter abstrakte Prinzipien? Wird ein problematisches Bedürfnis nach Hierarchie gerade ausgelebt in der Mißachtung des Individuellen, in der Vermeidung der Auseinandersetzung mit einem unabhängigen und selbständigen, das bedeutet auch unberechenbaren, lebendigen Gegenüber?
– Versteckt jede unreflektierte Begeisterung für die Abstraktion vielleicht ausschließlich destruktive Bedürfnisse, die ge-

boren sind aus der Unfähigkeit zur Interaktion mit einem lebendigen Gegenüber?
- Versteckt die angebliche „Unfähigkeit" zur Abstraktion vielleicht eine bedenkenswerte Verweigerung, Konflikte durch Unterwerfung zu lösen.
- Steht hinter der „Unfähigkeit" vielleicht nur die durchaus berechtigte Furcht vor der Entfremdung in der Abstraktion, die Furcht, daß die Abstraktion die Konfliktlösung ersetzt, daß die Suche nach Prinzipien der Gerechtigkeit die Lösung der konkreten Konflikte in ihrer Individualität eher behindern könnte.

Unfähigkeiten stecken hinter der einseitigen Abstraktion sicher ebenso wie hinter der einseitigen Interaktion.

Was sind nun die Konsequenzen einer solchen Problematik in den Naturwissenschaften? Die Frage nach Vorteilen des Andersartigen wird hier nicht gestellt. Der Platz der Interaktion mit Menschen ist aus den Naturwissenschaften verbannt, und Abstraktion, Prinzipien, Hierarchien stehen auf den ersten Plätzen.

*Ein kurzer Rückblick:* Mathematik, Biologie und zuletzt Ethik, moralische Reife. Sowohl in der biologischen Forschung zu Geschlechtsunterschieden als auch in der Forschung zur moralischen Reife scheint es zunächst immer, als ob weibliche Minderwertigkeit Ergebnis und nicht schon Voraussetzung der Forschungen gewesen wäre. Die Suche nach grundsätzlich problematischen, aber nicht ausformulierten Voraussetzungen und deren Ausformulierung und Kritik im einzelnen gleicht einer Sisyphusarbeit, wie das die Trugschlüsse aus der Biologie demonstrieren. Deshalb bin ich auf der Suche nach besserem Handwerkszeug. Auf der einen Seite leisten die traditionellen Regeln etwas für die effektivere Vermeidung solcher Trugschlüsse: Es muß innerdisziplinär über Grundvoraussetzungen geredet werden, weil sie fehlerträchtig sind (dazu braucht man nicht Kuhns Paradigmen-Blindheit zu bemühen). Dann müssen wir die Hierarchisierungsfrage stellen: Wo werden Unterschiede festgestellt, aber Hierarchien eingeschmuggelt? Und jetzt geht es an den Kern der Naturwissenschaften. Es geht darum, ob Naturwissenschaft sich weiterhin so wenig mit dem Menschen beschäftigen darf, mit demjenigen der forscht und denen, die von der Forschung betroffen sein könnten. Es geht um die Abstraktion vom Menschen und den Effekt der verdrängten Interaktion.

*BII. ?Naturwissenschaftliche Rechtfertigung?:*
*Abstraktion aus Unfähigkeit, mit gesellschaftlicher*
*Verflechtung und Verantwortung reflektiert*
*und offen umzugehen*

Die Rolle der Abstraktion wird in den Naturwissenschaften selbst folgendermaßen begründet: Abstraktion gilt als Voraussetzung für die beiden (edlen) Hauptaufgaben der Naturwissenschaften:

- Ihre zentrale praktische Funktion: Sie ist dazu da, den Menschen vor der destruktiven Natur zu schützen und sie erleichtert uns das Leben durch Techniken der Ausnutzung natürlicher Vorgänge.
- Ihre rein erkenntnistheoretische Funktion: Sie ist angetreten, Regeln und Gesetzmäßigkeiten für natürliche Abläufe aufzustellen und zu prüfen.

Die Abstraktion gilt als methodische Voraussetzung für naturwissenschaftliche Erkenntnisse, nützliche Techniken und für die Erfüllung ihrer Schutzfunktion. Auf diese drei Punkte möchte ich eingehen.

Die offizielle Denkweise ist, daß es nur durch Abstraktion von „unwesentlichen" Aspekten der komplexen natürlichen Abläufe überhaupt möglich ist, Gesetze und Gesetzmäßigkeiten aufzudecken. Nur dadurch sei es möglich, natürliche Abläufe herauszulösen und sie zu Techniken im Dienst des Menschen zu machen. „Unwesentliche" Aspekte, von denen abstrahiert wird, sind alle menschlichen Aspekte der Beobachtung und Interpretation und des Mißbrauchs der Techniken. Alle menschlichen Aspekte werden kollektiv aus der fachlichen Diskussion verbannt.

Meine kritische Haltung gegenüber der Rolle der Abstraktion zielt auf den letzten Punkt. Ich will hier nicht einen zentralen erkenntnistheoretischen Beitrag der Abstraktion leugnen: Sie hat uns wesentliche Einsichten in Zusammenhänge und Grenzen menschlicher Denk- und Vorstellungsfähigkeiten ermöglicht (z.B. die Relativitätstheorie, die Chaosforschung). Letzteres ist für mich etwas besonders Positives. Aber die praktizierte Abstraktion vom Menschen erzeugt Probleme, die einer Abwägung bedürfen:

- ForscherInnen gelten (nur) solange als objektiv, wie sie nichts über sich sagen!
- Wenn Abstraktion in den Naturwissenschaften praktiziert wird, dann verschweigt man auf jeden Fall auch Persönliches. Diese Abstraktion beseitigt nicht Subjektivität, sie behindert die Überprüfung der Basis. Der persönliche, menschliche Kontext ist kein unwesentlicher Aspekt, weglassen keine Abstraktion von einem unwesentlichen Aspekt.
- Abstraktion beinhaltet in den Naturwissenschaften *Abstraktion vom Menschen als handelndem Subjekt. Genau diese Abstraktion vom Menschen bereitet nun darüber hinaus den Boden dafür, daß die NaturwissenschaftlerInnen sich der Rechtfertigung dafür entziehen können, daß sie auf mannigfaltige Weise ein enormes Destruktionspotential zur Verfügung stellen und gestellt haben.*
- Naturwissenschaftliche Forschung schafft Grundlagen für die besonders effektive Ausschöpfung destruktiver menschlicher Bedürfnisse: sie ermöglicht oder schafft modernste, d.i. maßlos destruktive Waffentechnologie.
- Sie verknüpft die unvermeidlichen menschlichen Fehlleistungen mit enormen destruktiven Effekten durch hochkomplexe Techniken, ohne selbst dafür die Verantwortung zu übernehmen oder im Bewußtsein der Öffentlichkeit die Verantwortung dafür zu tragen: Bei der Anwendung von hochkomplexen Nutzungstechniken, siehe Reaktorkatastrophen

oder Katastrophen, die auslösbar wurden durch Fehlalarm bei sogenannten Angriffsabwehrsystemen etc. Und in der Forschung selbst, siehe Laborsicherheit, insbesondere bei der Genmanipulation, durch außer Kontrolle geratene, lebensfähige Organismen (es gibt z.b. die Diskussion darüber, ob Aids so entstanden sein könnte).

Der besonders gefahrenträchtige Anwendungs- und Forschungskontext ist bei der offiziellen naturwissenschaftlichen Rechtfertigung von Forschungsergebnissen kein Thema. Statt dessen zählen nur die oben genannten Dinge, Nutzen, Erkenntnis oder Schutz. Die Schutzfunktion der Naturwissenschaften gelangt aber hier ins rechte Licht: viele naturwissenschaftliche Ergebnisse stellen selbst (auch) eine Bedrohung dar.

Die Technik zerstört die Natur, vor der sie schützen soll, die sie nutzbar machen soll. Die praktizierte Abstraktion vom Menschen ist eine Immunisierungsstrategie. Naturwissenschaften haben sich mit der Abstraktion vom Menschen allen Appellen an ihre Verantwortung für menschliches Leid, das sie produzieren oder ermöglichen, zu entziehen versucht. Über die Notwendigkeit eines Konsenses für die Basisvoraussetzungen holen wir sie mit ihren eigenen Kriterien aus der Reserve.

*Der Mißbrauch der Abstraktion als Verschleierungstechnik hat mit Abstraktion von wirklich (!) unwesentlichen Aspekten nichts zu tun. Ein Korrektiv muß an den „stillschweigenden" Voraussetzungen ansetzen, die praktizierte Abstraktion vom Menschen diene der Naturwissenschaft und der Gesellschaft. Die Abstraktion vom Menschen ermöglicht, ja fordert den unreflektierten und damit inkompetenten Umgang mit Beziehungen und Interaktionen. Sie macht aus der Inkompetenz eine Tugend.*

In Zukunft müssen deshalb ausdrücklich in jeder naturwissenschaftlichen Forschung auch die Interaktionen

– mit der Forschungsgemeinschaft,
– mit Vorurteilen,
– mit der Gesellschaft der Betroffenen,
– mit natürlichen Vorgängen

diskutiert werden, vor allem wegen der – u.a. Dank des Feminismus – erwiesenen vorherrschenden Einseitigkeit der „Wahrnehmung" von Beziehungen durch die NaturwissenschaftlerInnen.

Beziehungen und Interaktionen bestimmen selbstverständlich wesentlich, aber eben nicht offiziell diskutiert, Fragestellungen und Antworten, beeinflussen Anwendbarkeit und Anwendung, Interpretationen und Forschungsinhalte, aber sie werden bisher nicht kompetent berücksichtigt.

Im nächsten Abschnitt wird es um eine Konsequenz aus diesen Überlegungen gehen, um die Frage, wie in Zukunft NaturwissenschaftlerInnen mit der Beziehung zur Natur umgehen dürfen und sollen, um Experimente.

*BIII. Experimente als Ausdruck moralischer Unreife, dem Bedürfnis nach Macht und Kontrolle*

Geschlechterquoten sollen Frauen den Zugang zu männlich dominierten Disziplinen ermöglichen. Aber nur dann können Frauen dort auch gleichberechtigt arbeiten, wenn alle gleichermaßen die Beweislast dafür tragen, daß sie nicht stillschweigende Voraussetzungen benützen.

Bevor wir diese offizielle Entlastung erreicht haben, können wir uns mit der Beziehungskompetenz in der täglichen Forschungsarbeit beschäftigen, mit Blick auf die typischen Deformationen, und zwar – wegen des de facto vorhandenen Reflexions- und Forschungsdefizits – auch noch mit guten Chancen, Neues in unseren Disziplinen zu finden. Für den positiven Umgang mit Beziehungen sollten wir auch Gestaltungskriterien suchen, diskutieren und bewerten. Wir sollten einem weniger hierarchischen Umgang mit Zusammenhängen zuarbeiten.

Wie?

Ich schlage vor, das Gerechtigkeitsprinzip (d.h. das Ziel, Rechte gleich zu verteilen) auf naturwissenschaftliche Forschung anzuwenden bzw. zu übertragen. Mit dem Schlagwort: *Interaktionsprimat statt Abstraktionsprimat, also gleichberechtigter Umgang vor Suche nach dem Allgemeinen, vor der Prin-*

*zipiensuche, also auch vor der Gesetzessuche als wertvoll an sich.*

Dabei scheint mir die wichtigste und für die NaturwissenschaftlerInnen besonders ungewöhnliche Frage, wie denn ein gleichberechtigter Umgang mit Nichtmenschlichem aussehen sollte, und ob so etwas überhaupt möglich ist.

Macht, Kontrolle und Unterwerfung sind selbstverständlich nicht mit gleichberechtigtem Umgang vereinbar. Das hat direkt massive Konsequenzen für Experimente als Forschungsmethode: *Weil Experiment Manipulation natürlicher Abläufe bedeutet, bedeutet Experiment auch Kontrolle und Machtausübung über natürliche Abläufe. Folglich gilt, daß das Interaktionsprimat bedeutet: keine Experimente!*

Aber können wir uns Naturwissenschaft ganz ohne Experimente, das bedeutet also auch: ohne Reproduzierbarkeit von Ergebnissen, d.h. durch wiederholte und wiederholbare Versuchsergebnisse, überhaupt noch vorstellen? Das ist möglich, und es wird auch praktiziert:

- Es gibt naturwissenschaftliche Disziplinen, die an vielen Stellen nicht manipulieren können, ob es um den tatsächlichen Urknall geht, das Wetter oder die Sterne, abgesehen von den moralischen Schranken, die gewisse Menschen- und Tierexperimente verbieten.
- Es besteht ohnehin ein problematischer Zusammenhang zwischen Experiment und Erkenntnisfortschritt: jedes Experiment beinhaltet mit der Manipulation auch stets eine tatsächlich schwer faßbare Veränderung, eine (oft unzureichend reflektierte) Verfälschung der natürlichen Abläufe.

Die Historikerin Carolyn Merchant[8] und der Physiker Hans Peter Dürr[9] haben das Baconsche Bild von Experimenten als Folterbänke für die Natur verwendet, um auf die Aussageunfähigkeit solcher „Geständnisse" hinzuweisen.

Experimente werden somit wegen ihres Macht- oder Kontroll- und Deformationselements gegenüber natürlichen Vorgängen problematisiert. Zu Recht!

Zusätzlicher Nebeneffekt: weniger Manipulationsergebnisse führen zwangsläufig auch zu weniger Destruktionspotential, weil jede Destruktion manipulative Eingriffe voraussetzt.

Außerdem gibt es die naturwissenschaftliche Forschung ohne Experimente bereits, wenn auch bisher wohl keine, die freiwillig darauf verzichtet. In der Meteorologie geht es weitgehend ohne Experimente, weil die Erdatmosphäre zu groß und komplex ist. Hier stellen wir Hypothesen auf, welche Konsequenzen für bestimmte Atmosphärenkonstellationen nach einer bestimmten Theorie zu erwarten sind. Dann warten wir bis diese Konstellationen „von alleine" eintreten und prüfen, ob die Beobachtungen mit der Theorie in Übereinstimmung zu bringen sind. Experimente und Manipulationen finden nur in den Köpfen statt: unter diesen Bedingungen wäre das gemäß der Theorie zu erwarten, jenes jedoch würde zeigen, daß die Theorie falsch ist[10].

Der Vollständigkeit halber sei angemerkt, die Grenzen zwischen Experiment und Beobachtung sind an einigen Stellen fließend, die Meteorologie nennt z.B. Meßkampagnen „Experimente"[11]. Man/frau denke auch an die Unschärferelation, die Beobachtung ohne Manipulation unmöglich macht. Salopp formuliert, wirft die „Beobachtungsenergie" die Elektronen im Atomkern aus der Bahn; also wenn frau geschaut hat, wo sie sind, machen sie deshalb etwas anderes, als wenn frau nicht hingeschaut hätte.

Als Leitgedanken für den neuen Umgang mit „Fragen an die Natur" kann ich mir so etwas wie Regeln zur vorbildlichen Zeugenvernahme vorstellen, nicht Verhör oder Folter, Natur nicht mehr als potentielle Verbrecherin, als Feindin. Wir schützen uns heutzutage mehr, wenn wir die Natur schützen. Als negativer Umgang mit Natur soll jetzt also gelten, was mit Zwang zu tun hat.

Es ist die Absicht dieses Artikels, feministische Kritik am Experimentieren an sich zu üben. Die Reflexion von Interaktionskonzepten innerhalb der Naturwissenschaften hat zur Folge: Experimente sind per se schlechtes Forschungswerkzeug. Wenn Experimentieren in Zukunft wieder (feministisch) salonfähig werden soll, dann müssen die Vorwürfe entkräftet werden, die gegen Experimente angeführt wurden: ihre Herrschaftsanmaßung über die Natur, ihr Zwang oder ihr folterähnlicher Umgang mit Forschungsgegenständen, aber auch ihre Unwissenschaftlichkeit – aufgrund der „manipulierten" statt beobachteten Abläufe – müssen beseitigt werden, allgemein oder speziell für ein Experiment. Zumindest müssen diese deformierenden Aspekte reflektiert werden. Anders ausgedrückt: „Experiment" im positiven wie im negativen Sinn muß neu definiert werden[12].

## BIV. Destruktive Natur oder Lehrerin in Komplexität

Als eine der Aufgaben der Naturwissenschaft gilt, daß sie uns vor dem destruktiven Potential der Natur schützt, vor Überschwemmungen, Kälte, Nahrungsmangel. Es gehe nicht nur um Erkenntnis und Nutzen. Die direkte Folge dieser Behauptung ist nun aber – und deshalb ist dieser Punkt zentral –, daß dann destruktives Potential zwangsläufig Nebenprodukt sein muß. Denn wenn wir uns vor der destruktiven Natur schützen müssen, müssen wir Kampftechniken, also destruktives Potential entwickeln. Wenn die Natur uns zerstören will, müssen auch wir manchmal kämpfen, müssen also destruktives Material als Gegenmittel erzeugen.

Die Beliebtheit der Vorstellung von der destruktiven Natur zeigt sich auch darin, daß altruistisches Tierverhalten in der Biologie durch die „Erfindung" des egoistischen Gens „wegerklärt" wird[13], womit für alle Fälle, in denen das Verhalten eines Individuums nicht gegen andere gerichtet ist, ein Dummy-Ersatz-Kämpfer angeboten wird, anstatt das Feind-Denken selbst infrage zu stellen.

Die Behauptung vom destruktiven Kampf der Natur, das heißt, daß sie uns zerstören *will*, ist eine beliebte und verbreitete Projektion. Das Wort „will" ist entscheidend. Diese Behauptung ist auf zweierlei Weise unfundiert: einerseits ist es ein (destruktiver) Anthropomorphismus. Andererseits sind die Folgen jedes Naturereignisses so vielfältig, daß es immer eine offene

Frage bleiben muß, ob Destruktion im größeren Kontext oder langfristig nicht ein Nebeneffekt ist.

Wir sind nicht fähig, in solchen Dimensionen zu denken, das belegen viele naturwissenschaftliche Produkte: die Nilüberschwemmungen wurden zwar durch den Assuanstaudamm verhindert, anschließend kämpften die Menschen aber in den (jetzt bewässerten) Überschwemmungsgebieten mit der Verödung ihrer Böden. Der Überschwemmungsschlamm hatte die Böden auch gedüngt. Oder denken wir an die Ozon- und FCKW-Problematik. Die Zerstörung geschieht durch Abfallprodukte (FCKW), die ausgewählt wurden, weil man(n) „bewiesen" hatte, daß sie glänzende Kühlmittel sind und vollkommen ungefährliche Abfallprodukte sein würden, da sie mit nichts reagieren. Man hatte vergessen zu bedenken, daß das in großen Höhen ganz anders sein könnte, und da sind sie jetzt und reagieren besonders effektiv mit Ozon.

Mehr Respekt vor der Komplexität der Zusammenhänge wäre längst angebracht. Es bleibt letztlich eine Frage der Phantasie, ob uns mehr positive Konsequenzen einfallen, ob wir an ihnen „entlang denken". Wir können uns von (eher destruktiven) Phantasien lenken lassen bzw. auch zu wenig Übung im Suchen nach konstruktiven Aspekten haben.

Wir können aber auch „einfach" mit entgegengesetztem Vorurteil forschen, mit Natur umgehen:

- Wir können positive Aspekte oder Neutralität den natürlichen Abläufen von vornherein unterstellen, und vor allem:
- Wir können (endlich auch) direkt nach konstruktiven Aspekten suchen, schon allein deshalb, weil wir wissen, daß die Konzentration auf Destruktion einseitig war und ist.
- Wir können aber auch das Verständnis der Komplexität von Zusammenhängen in den Vordergrund des Forschungsinteresses rücken. Von der Natur den Umgang mit komplexen Interaktionen lernen, anstatt ständig weiter in halbverstandene Zusammenhänge hineinzumanipulieren – durch Experimente.

Eine etwas boshafte Bemerkung zur naturwissenschaftlichen Forschung und Haltung: die Subsumption naturwissenschaftlichen Forschens unter das Gerechtigkeitsprinzip wäre doch eine moralisch reife Entscheidung. Bei der Überzahl an Männern in den Naturwissenschaften müssen wir uns darüber wundern, daß diese Fähigkeit von Männern, das Gerechtigskeitsprinzip anzuwenden, also moralisch reife Wissenschaft mit weniger Macht und Destruktion zu betreiben, so ganz und gar nicht klappt.

## C. Abstraktion. Oder: praktizierte Gerechtigkeit

Das fundamentale Problem liegt in der Überbewertung des Abstraktionsvermögens und der Vernachlässigung der Interaktion. Die Abstraktion macht es möglich, entwertende Ergebnisse zu produzieren, ohne daß das abstrakte Prinzip der Gerechtigkeit (oder ein Interesse an ihm) dem Einhalt gebietet. Die eventuell vorhandene männliche Überlegenheit – statistisch gesehen und wohl kaum biologisch determiniert – in der Abstraktionsfähigkeit oder im Abstraktionsbedürfnis, hat womöglich zur Entdeckung oder Formulierung des abstrakten Prinzips der Gerechtigkeit geführt. Für seine Anwendung zu sorgen, z.B. zwischen Mann und Frau, schließt und schloß das aber offensichtlich nicht ein.

Die Diskrepanz zwischen Theorie und Anwendung wurde hier erst durch den (Klein-)Krieg um konkrete Ungerechtigkeiten sichtbar. Die Probleme liegen in der Anwendung von Prinzipien. Ob abstrakte Prinzipien der Gerechtigkeit tatsächlich irgendwo für mehr Gerechtigkeit gesorgt haben, bleibt zu beweisen. Der Kleinkrieg Einzelner gegen Ungerechtigkeiten – nicht das Gerechtigkeitsprinzip selbst – deckte in den biologischen Beispielen die nicht-expliziten Prämissen auf, machte damit die entwertende Fixierung in der Biologie der Geschlechter sichtbar. Gleichheit vor dem Gesetz haben wir schon länger, Gleichberechtigung noch lange nicht.

Kleinkriege, nicht die Tatsache, daß wir das Gerechtigkeitsprinzip haben, machen eine letztendlich besser zu diesen abstrakten Moralprinzipien passende Welt möglich:
- Forschung nach Geschlechtsunterschieden ohne Entwertungen;
- Abstraktion ohne Verschleierung von Destruktion und Ungerechtigkeit in der Unterdrückung durch scheinbar selbstverständliche Entwertungen von Unterschieden;
- Naturwissenschaften, die nicht zerlegen oder manipulieren, die sich um die realen und die möglichen Konsequenzen ihrer Forschung kümmern müssen;
- Überlegungen zu möglichen Konsequenzen gehören auch zur praktizierten Gerechtigkeit, aber bisher in den Naturwissenschaften nicht zur Forschung.

Noch können die NaturwissenschaftlerInnen Forschung mit der Formulierung von Gesetzen und Regeln, mit der Entwicklung von Manipulationsverfahren gleichsetzen – wie mache ich Regen, wie mache ich Erbanlagen für schöne, nicht faulende Tomaten –, obwohl sie sich vielleicht, in ihrer Freizeit, darüber Gedanken machen, welchen Zielen Forschung dienen darf oder sollte. Sie müssen die (negativen und unbeabsichtigten) Konsequenzen nicht bedenken, nicht benennen.

Diese Art des Naturforschens ist aber nur *eine* Möglichkeit, nicht mehr. Diese Art des Naturforschens basiert darüber hinaus auf einer ungerechtfertigten Machtausübung und steht immer im Gegensatz zu einer anderen möglichen Naturwissenschaft, die nur beschreibt und beobachtet, die sich umsichtig um Gerechtigkeit bemüht, indem sie versucht, an alle von den Ergebnissen Betroffenen zu denken.

Nachdenken, sich öffnen für die Rechte und Interessen Anderer beeinträchtigt die Forschungs-Effektivität. Spezialisierung macht uns effektiv. Wir sind hier bei einer direkten Aufforderung angelangt, gerade nicht in Beziehungen und Zusammenhängen zu denken und zu forschen. Auch Serien von falschen, diskriminierenden Ergebnissen sind Ergebnisse? Umsichtige Forschung ist langsam, ist sie uneffektiv?

*Praktizierte Gerechtigkeit bedeutet, sich der Kritik zu öffnen, sich um die Berücksichtigung anderer Interessen aktiv zu bemühen. Aus diesem Grunde muß man die Basis, die Annahmen ausformulieren, mit denen Wissenschaft oder Forschung auszukommen glaubt, auskommen will.* Frau/man formuliert die Basis, damit erreicht werden kann, daß sie wirklich ausschließlich für alle Akzeptables enthält. Das gilt für jede Forschung gleichermaßen, auch für die abstrakte, technische oder theoretische Forschung.

D. Eine Illustration:
Beziehungsinkompetenz und formale Logik

Gerade „abstrakte", theoretische Wissenschaften (Mathematik, Physik oder Logik) spiegeln die männliche „beziehungslose" Weltsicht einseitig wider. Zur Illustration der Fruchtbarkeit des beziehungs-kritischen Ansatzes ein kurzer Ausflug in die Logik.

Es gibt in der Logik ein Gebiet, das von sich behauptet, daß es sich mit Beziehungen beschäftigt. Die sogenannte Prädikatenlogik. Die Logik allgemein erforscht Argumentationen. Aussagenlogik untersucht Argumentationen, die aus Aussagen (Sätzen) bestehen. Prädikaten- (oder Beziehungs-) Logik beschäftigt sich mit der Rolle von Eigenschaften und Beziehungen in Begründungen (siehe hierzu Ionesco „Die Nashörner": eine („lächerlich falsche") Argumentation ist: „Alle Menschen sind sterblich. Sokrates ist gestorben. *Also ist* Sokrates ein Mensch." Eine logisch richtige Argumentation ist: Alle Menschen sind sterblich. Sokrates ist ein Mensch. *Also* ist Sokrates sterblich).

In dieser „Beziehungs"-Logik gibt es eine androzentrische Deformation: Individuen sind wichtiger als Beziehungen[14]. Eigenschaften und Beziehungen werden hier auf der Basis von Individuen definiert. Könnten LogikerInnen sich das umgekehrt vorstellen? Sind es nicht gerade die Beziehungen, die uns zu Individuen machen?

Merrill und Jaakko Hintikka[15] weisen auf ein damit eng verbundenes Problem in der theoretischen Semantik hin, auf das Problem, wie Individuen über die Grenzen von sogenannten „möglichen Welten" hinweg identifiziert werden. Alltagssprachlich geht es um das Problem, wie wir herausfinden, ob es sich trotz verschiedener Kontexte um ein- und dieselbe Person handeln kann. Naheliegend scheint uns, daß wir die Beziehungen dieser Person in den Kontexten vergleichen. Denken Sie an Krimis. Auf diese Idee ist in der theoretischen Semantik jedoch lange niemand gekommen, von Beziehungsmustern wird nicht auf Individuen geschlossen. Individuen wurden hier stets nur per Setzung identifiziert.

Die beiden LogikerInnen (Hintikka) äußern nun auch eine Vermutung über die Ursachen für den definitorischen Schnellsch(l)uß: eine geschlechtsspezifisch unterschiedliche Form der Organisation von Wahrnehmungen (als Sozialisationseffekt). Jungen gruppieren eher solche Dinge zusammen wie: Lastwagen, Auto, Ambulanz, Mädchen eher solche Dinge wie: Arzt, Krankenbett, Ambulanz. Das wurde so gedeutet, daß Jungen eher auf der Basis von Ähnlichkeiten gruppieren, die Dinge haben, wenn sie jeweils einzeln betrachtet werden. Mädchen hingegen lassen sich bei der Zusammenstellung eher von den (interaktiven) Zusammenhängen, den Beziehungen zwischen den Dingen leiten. Die theoretische Semantik und die Prädikaten-Logik sind also einseitig und natürlich „zufällig" wieder androzentrisch einseitig.

## E. Fazit und Ausblick

Wir müssen über die verschwiegenen Voraussetzungen nachdenken, über den Zusammenhang zwischen Interaktion, Gleichberechtigung und Abstraktion, zwischen Macht, Experiment und Destruktion in den Naturwissenschaften. Die Naturwissenschaften können und müssen umlernen. Sie müssen von Frauen lernen, in Alternativen zum hierarchischen Konzept zu handeln, Abstraktion infrage zu stellen. Vor allem aber auch dementsprechend zu forschen.

Die Naturwissenschaften brauchen Alternativen zum androzentrisch gefärbten Denken in Gegensätzen wie:

 Hie Mensch, da Natur.
 Hie Mann, da Frau.
 Hie Mastergen, da der „Rest".
 Hie Abstraktionsfähigkeit, da Unfähigkeit.
 Usw., usw.

Hierzu sind empirische Untersuchungen in Einzeldisziplinen nötig:

- Wo stecken hierarchische Projektionen in und hinter Forschungsergebnissen und deformieren unsere „wissenschaftliche" Weltsicht? Wir müssen aufdecken, kritisieren, Alternativen denken in der Forschung.

Hierzu ist Grundlagenforschung nötig:

- Was sind nicht-hierarchische Beziehungsmodelle, Umgangsformen? Welche Konsequenzen haben sie für den Umgang mit Forschungsgegenständen und für den Umgang mit dem jetzigen „Stand der Wissenschaft"? Was bedeutet es, wenn allenthalben Wechselwirkungen irrtümlich als Hierarchien behandelt werden?
- Weisheit bei der Wahl der Basisannahmen der Wissenschaft brauchen wir. Soziale Kompetenz ist vonnöten bei der Suche nach Konsens. Die Grenzen zwischen Philosophie und Geisteswissenschaft auf der einen Seite und Naturwissenschaft auf der anderen werden fließen(d).

Zum Beispiel finden sich Anregungen für den Umgang mit Interaktionen oder Beziehungen in der philosophischen Auseinandersetzung mit Gerechtigkeit und Gleichheit. Die Geschichte von Gerechtigkeit und Gleichheit ist eng miteinander verbunden. Sie zeigt, wie die zu berücksichtigenden Interessen, die Gruppe der jeweils Gleichen, immer wieder ausgeweitet wurde, und zwar einmal durch Kampf um Gerechtigkeit, aber auch und nicht nebenher – wie wir wohl zu denken gewohnt sind – durch Vorstellungskraft und Einfühlung.

- Mehr Einfühlung und Vorstellungskraft und Nachdenken über individuelle und kollektive Beschränktheiten und Denk-Grenzen (Mann gleich Mensch, weiß gleich Mensch, eurozentrisch gleich Menschheit) müssen Eingang in naturwissenschaftliches Handeln finden.

Ein sehr kurzes Beispiel, was mit Denkgrenzen gemeint ist, habe ich in „Carol" von Patricia Highsmith gefunden: „Es waren drei Gäste, eine junge Frau, ein Mann und ein Schwarzer." Einfühlung ist vonnöten, gerade in jedem angeblich abstrakten naturwissenschaftlichen Kontext. Gerade dort wird nicht tatsächlich abstrahiert, die einseitige und androzentrische Sichtweise wird nur verschwiegen, die praktizierte Abstraktion erzeugt hier eine betrügerische Sicherheit für soziale Inkompetenz.

- Was ersetzt die Folterermentalität im Umgang mit der Natur? Wie sollte die Natur „angehört" oder wissenschaftlich befragt, anstatt weiterhin „verhört" und gefoltert zu werden?

Hinter dem alten Klischee von der weiblichen Unfähigkeit zur Abstraktion lag der Schlüssel für den relativierenden Ansatz: Die angeblich eher männliche Abstraktion kann auch Unkenntnis, Unfähigkeit oder Flucht der Männer vor der Auseinandersetzung mit Beziehungen sein, weil Männer weniger in Beziehungen denken und handeln (wollen/können). So können wir zum Beispiel die mangelnde Reflexion von männlichen Projektionen in der Biologie deuten, wenn sie sich niederschlägt in der engen Beziehung zwischen männlichen Wertvorstellungen und Forschungsergebnissen, aber auch auf der nächsten Ebene, in der mangelnden Berücksichtigung, daß Forschung von unzulänglichen Menschen für unzulängliche Menschen gemacht wird: In der Tatsache, daß die Beziehung zwischen Erkenntnis, Anwendung und Anwendbarkeit ausblendbar scheint, samt ihrer längst sich austobenden destruktiven Folgen.

– Wir werden Beziehungskompetenz einfordern auf Kosten der Abstraktion.

Selbst in der Wahl von Bezeichnungen müssen wir auf ausgeglichene Beziehungsaspekte achten. In ihnen stecken oft schon die unreflektierten Aspekte; „Urform", „Mastergene" oder „Atomkerne" enthalten solche hierarchischen Beziehungskomponenten ebenso, wie sie im Denken vom „Kampf der Natur" aufgezeigt wurden. Sind sie alle wissenschaftlich fundiert oder androzentrisch projiziert? Auch diese hierarchischen Begriffsaspekte müssen überprüft werden. Es ist unglaublich, wo sie überall eingeschmuggelt werden können. Hier stecken spannende Forschungsfragen.

Positiv ausgedrückt, können wir NaturforscherInnen bei unserer Forschung von gleichberechtigten Beziehungen ausgehen, über vorgegebene Beziehungen nachdenken, forschen. Wir sollten vor dem Hintergrund des bisherigen Mangels aber auch fordern und kritisieren, daß Beziehungsaspekte und individuelle oder kollektive Voraussetzungen in der Rechtfertigung von naturwissenschaftlicher Forschung und in Ergebnissen offen gelegt und diskutiert werden:

– Mit dem Ziel einer reflektierbaren, allgemein konsensfähigen Basis, dem Ziel des kompetenten Handelns in Beziehungen und Abhängigkeiten für alle, Männer und Frauen, vor allem auch in den Naturwissenschaften.
– Zunächst und vordergründig aber auch mit dem Ziel und Effekt, die Sisyphusarbeit bei der Aufdeckung der unzähligen Einzelfehler etwas zu vereinfachen, durch die offenere Zugänglichkeit von systematischen Fehlern, die in den typisch patriarchalen oder androzentrischen (verschwiegenen) Annahmen stecken.

Zum Schluß noch ein anderer Ausblick. Ich fürchte und vermute die letzte Bastion des hierarchischen und verschleiernden Denkens in der Forderung nach Objektivität selbst. Hinter der Objektivität steckt womöglich nur der schöngefärbte Versuch einzelner, alle Menschen auf einfühlungsgestörtes Verhalten zu reduzieren. Mit der Objektivitätsforderung können sich nämlich einfühlungsgestörte Menschen als vorbildhaft sehen, wenn sie andere Menschen, Tiere, das Genreservoir, Gene, natürliche Abläufe und Systeme zu beliebig manipulierbaren Objekten reduzieren. Sie können damit aber auch alle Menschen aus der Zukunftswerkstatt Wissenschaft ausgrenzen, die diese kompensatorische Verzerrung nicht brauchen, die sich (noch) einfühlen können und wollen.

*Ich bedanke mich:* Diese Gedanken haben einen langen Werdegang. Zu Anfang haben mich PhilosophInnen aufgefordert zu erklären, wieso „Naturwissenschaften" nicht feministisch neutral sind. Viele haben diskutiert. Dagmar Heymann, Eva Sassen und den Koryphäen danke ich für ihr Interesse am Mitdenken bei einer Vorveröffentlichung, für Unterstützung bei Formulierungen und schließlich Dagmar Heymann für die freundliche und einfühlsame Hilfe bei der letzten Stutzung. Es war eine schöne Alternative zum Arbeitsstil im Unialltag. Und ich bedanke mich bei meinen Unterstützerinnen Angela Meier und Edith Thomala.

## Anmerkungen

[1] Evelyn Fox Keller: Feminist Critique of Science, Fundamentae Sciencie, summer 1980.
[2] Unicum 1989.
[3] Jenny Kien: Gibt es weibliche und männliche Naturwissenschaft? Analyse an Beispielen aus der Hirnforschung, Mitteilungen der TU Braunschweig, 1989, 46-49.
[4] Ruth Bleier: Science and Gender, Oxford 1984.
[5] Darcy B. Kelley: The genesis of male and female brains, Trends in Neurosciences 9/10, 1989.
[6] Für eine wirklich differenzierte Betrachtung bezüglich der ethischen Aspekte dieser Diskussion sei verwiesen auf Herlinde Pauer-Studers sprachphilosophische Analyse: H. P.-S. und Ludwig Roithinger: Thesen und Antithesen zu Carol Gilligan, Mitteilungen des Instituts für Wissenschaft und Kunst, 46. Jg., 1991, 32-36. Für einen leichteren Zugang siehe auch: W. Althof und D. Garz: Sind Frauen die besseren Menschen? Psychologie Heute 15/9, 1988; E.F. Kittay und D.T. Meyers (Hg.): Women and moral theory, Totowa N.J. 1987.

7 Arno Grün: Der Verrat am Selbst, München 1986.
8 Carolyn Merchant: Der Tod der Natur, München 1987
9 Georg Schwalb u.a.: Die geliebte Elementarteilchenphysik als Luxus. Interview mit dem Physiker Hans Peter Dürr, „Einstein" – Fachschaftszeitung Mathematik, Physik, Geophysik, Univ. München, Februar 1988.
10 Bezüglich der Problematik von theoretischer Manipulation bin ich großzügiger. Ihre Konsequenzen und Voraussetzungen vor allem sind kritisch, nicht sie selbst.
11 Den Hinweis verdanke ich Petra Seibert.
12 Bezüglich der Machbarkeit ohne Experimente ist auch folgender Standpunkt durchaus vertretbar: die Bedürfnisse haben sich der Moral zu beugen, es ging auch angeblich nicht ohne Sklaven, Leibeigene, Geburtshierarchien.
13 Evelyn Fox Keller, 1980.
14 Zum Umgang mit sogenannten „Beziehungen" in der formalen Logik: Standard-Systeme der klassischen formalen Prädikaten-Logik mit Interpretationssemantik interpretieren Beziehungen auf der Basis von Individuen. Das Universum ist die Menge aller Individuen. Beziehungen sind Mengen von Individuen. Wobei – allgemein gesprochen – die Logik sich mit dem Zusammenspiel von Form (prädikatenlogischer Formeln) und deren Bedeutungen (Interpretations-Semantik) in Argumentationen beschäftigt, ein Ansatz dazu ist das Standard-System: Prädikatenlogik und Interpretationssemantik.
15 Merril B. Hintikka und Jaakko Hintikka: How can language be sexist?, in: Sandra Harding und Merrill B. Hintikka (Hg.): Discovering Reality, Rendall, 1983.

*Dagmar Heymann*

# Jungfrauen und Killer –
## Die Macht der Darstellung in der Biologie

Wenn wir über geschlechtsspezifische Aspekte in der Biologie nachdenken, fällt uns in erster Linie die feministische Literatur zur Soziobiologie, zur Verhaltensbiologie oder zur Biologie der sexuellen Entwicklung ein. Weniger naheliegend dagegen ist die Vorstellung, daß die Zellbiologie anfällig ist für den „androzentrischen Blick" – ganz zu schweigen vom Bereich der Moleküle.

Aber stimmt das? Finden wir nicht auch hier, bei näherem Hinsehen, Spuren unserer patriarchalen Kultur? Schließlich hat diese Kultur ihre Prägung allen Aspekten unseres Lebens aufgedrückt. Um diese Prägungen sichtbar zu machen, möchte ich die von WissenschaftlerInnen zur Darstellung ihrer Forschung benutzte Sprache untersuchen. Sprache ist sehr verräterisch, wie wir spätestens seit Freud wissen. In der vorliegenden Arbeit möchte ich nachzeichnen, wie stark diese Sprache die Subjektivität patriarchal geprägter Wissenschaftler transportiert.

Mein Gewahrwerden der Bedeutung von Metaphern in einem „normalen" naturwissenschaftlichen Zusammenhang war abhängig von meiner Nähe zum Gegenstand. Solange ich als Wissenschaftlerin in einem biologischen Labor arbeitete und täglich wissenschaftliche Texte las, habe ich ihre Bedeutung nicht erkannt. Ich nahm nur am Rande wahr, daß hier häufig ein ziemlich kriegerisches Vokabular benutzt wurde, ich hielt es für unwichtig, ich ließ mich nicht treffen!

Dies änderte sich ziemlich bald, nachdem ich die naturwissenschaftliche Forschung verlassen hatte. Einige Monate nach meinem „Ausstieg" las ich einen Artikel über die Entwicklung neuer Impfstoffe. Und jetzt traf mich die Sprache wie ein Schlag.

Weiteres Lesen brachte plötzlich überall ein ähnliches Vokabular an den Tag. Ich ging zurück an meinen Bücherschrank und fand ein Buch, das ich einmal während meines Studiums als Kuriosum an einem Wühltisch erstanden hatte – „Vom sieghaften Zellenstaat" eine allgemeinverständliche Einführung von 1921[1]. Hier fand ich:

„Weiße Blutkörperchen im Kampf mit den Bakterien. Oh weh, jetzt stehen die Bakterien im Körper, im Zellenstaat. Da stehen sie inmitten einer ihnen fremden und feindlichen Welt. Bakterien vermehren sich. Die ganze neue Brut bildet Gifte, die auf die Zellen losgelassen werden.

Sobald die weißen Blutkörperchen auf ihrem Blutstrom schwimmend hierhin gekommen sind, steigen sie aus, wandern auf den ‚Kriegsschauplatz'. Binnen weniger Minuten ist ein Millionenheer zum lebendigen Wall zusammengezogen. In der Mitte die Bakterien, nach außen der Körper mit seinen Zellen und Organen. Der Kriegsschauplatz vollkommen von dem übrigen Körper abgegrenzt und abgesperrt. Diese Mauer schützt den Zellenstaat vor den Feinden. Den Bakterien wird's Angst. In Ihrer Daseinsnot vermehren sie sich ins Ungemessene. Für jedes tote 10, 100, 1000 neue! Weiter gelangen die Bakterien in die Lymphknoten. Hier wiederholt sich dasselbe Bild von Kampf und Hilfe. Alles Kampf, Brand, Krieg!"

Zugegeben, diese Darstellung stammt aus der „Frühzeit" der biochemischen Zellforschung. Aber ein Blick in die Zeitschrift „Trends in Biochemical Sciences" (TIBS) von 1990 zeigt uns ein gar nicht so anderes Bild (siehe Abb. 1). Hier wird der Kampf zwischen Bakterien und menschlichen Zellen als die Schlacht der Prokaryoten (Bakterium) und Eukaryoten (menschliche Zelle) dargestellt.

Beide Beispiele, die ich hier angeführt habe, stammen nicht aus wissenschaftlichen Originaltexten. Das erste wurde von einem Wissenschaftler verfaßt als populärwissenschaftlicher Text für die Bildung eines breiteren Publikums. Der Cartoon erschien in einer Zeitschrift mit biochemischen Übersichtsartikeln,

*Abb. 1:* Die Schlacht der Prokaryoten gegen die Eukaryoten[2]. Eine gewisse subversive Sicht läßt sich im Widerspruch zur Intention des Texts erkennen: der Zeichner hat den Bakterien (Salmonellen) die Rolle des Ritters und den menschlichen Zellen die des Drachen zugedacht.

ausschließlich für WissenschaftlerInnen verfaßt. Wir können eine solche Sprache auch in „ernsthafter" wissenschaftlicher Literatur finden, wie sie z.b. von der Zeitschrift „Nature"[3] veröffentlicht wird. Deshalb denke ich, daß allgemein verständliche Darstellungen von Wissenschaft uns eine gute Vorstellung liefern können von den Bildern, die das Forschungsunternehmen begleiten und es so auch beeinflussen.

Metaphern, Sprachbilder, sind ständiger Teil unserer Sprache. Wir denken in Bildern. Dieses Denken ist häufig unbewußt, wird aber auch gezielt eingesetzt, um komplexe Sachverhalte anschaulich zu beschreiben. Einige Beispiele aus der Alltagssprache: wir verrichten etwas „in Windeseile", eine Person „steht in der Blüte ihrer Jugend", ein Mensch ist „hart wie Kruppstahl". Der Gebrauch dieser Metaphern ist nicht beliebig, sondern bei einer näheren Untersuchung ihrer Bedeutung müssen wir immer danach fragen, welche Atmosphäre sie schaffen, was bei ihrem Gebrauch mitschwingt. Durch den Gebrauch von Metaphern werden Möglichkeiten beschrieben und Grenzen gesetzt. Ein Beispiel, das Luise F. Pusch einmal beschrieben hat[4], ist das Gespräch, die Diskussion. In unserer Kultur benutzen wir dafür sehr häufig kämpferische Metaphern, wie z.B. „schlagende Argumente". Wie sähe ein Gespräch aus, das wir mit Bildern des Tanzes beschreiben? Wenn die Gesprächspartner umeinander kreisen, voneinander weggleiten und wieder zurückkommen? Könnte es nicht vollkommen andere Qualitäten haben?

Wissenschaftliche Literatur präsentiert Ergebnisse und Schlußfolgerungen aus der Forschung, indem sie u.a. Metaphern benutzt, um komplexere Sachverhalte darzustellen. Neben den kriegerischen Metaphern fiel mir in der Immunologie ein anderer sprachlicher Zusammenhang auf. In der englischsprachigen Literatur gibt es den Ausdruck „virgin cell", die jungfräuliche Zelle. Dies ließ mich – zusammen mit dem Gewaltvokabular – an Pornographie denken. Dieser Zusammenhang war am Anfang nur eine vage Ahnung, aber je mehr ich mich mit der Materie beschäftigte, desto mehr fügten sich für mich zwei Stränge zusammen: die Sprache und die Bilder in einigen Bereichen der biologischen Forschung und in der Pornographie als Darstellung.

„Pornographie – Die Macht der Darstellung" heißt ein Buch von Susanne Kappeler[5]. Es geht hier weniger um „Sex", d.h. Porno, der in der feministischen Debatte meist diskutiert und bekämpft wird, sondern es geht um Porno*graphie* als einer Darstellungsform.

In einer solchen Darstellung sind die Hauptakteure der Autor, der seinen Kollegen seine Arbeit präsentieren will und der Beobachter, der Leser und Kollege. Besagter Autor hat sich einen Standpunkt und daraufhin eine Leserschaft geschaffen. Es gibt eine Identität zwischen beiden, ansonsten würde der Autor nicht für den Leser schreiben und dieser würde den Artikel nicht lesen. Es gibt eine Solidarität zwischen ihnen, einen gemeinsamen Zweck, ein geteiltes Verständnis und ein mitgeteiltes Vergnügen.

Worüber empfinden WissenschaftlerInnen Vergnügen? Ich selbst erinnere mich, daß ich amüsiert und gleichzeitig ein bißchen geschockt war, als ich das erste Mal den Ausdruck „natural killer cell" las. Mit diesem Ausdruck wird in der Immunologie eine Zelle bezeichnet, die fremde Zellen zerstört und so Teil des Verteidigungsmechanismus des Körpers ist. In diesem letzten Satz habe ich bereits genügend kriegerische Metaphern benutzt, um den Verdacht auf eine patriarchale Prägung der wissenschaftlichen Sprache nicht ganz grundlos erscheinen zu lassen.

Und genau diese Basis der Darstellung ermöglicht uns den Zugang zum androzentrischen Blick des Wissenschaftlers, in dem sich seine eigene Befindlichkeit verrät. Voraussetzung ist, daß wir genau hinhören und die Worte und Metaphern ernst nehmen, den Wissenschaftler „beim Wort" nehmen.

Bei genauerem Studium der Literatur finden wir viele Anzeichen für patriarchale Spuren in der Wissenschaftssprache. Sie spiegeln auf unbewußte Weise das männliche Selbstbild unserer Kultur wider. Daß diese Sprache auch von Wissenschaftlerinnen und von männlichen Forschern, die in ihrem eigenen Empfinden nicht unbedingt diesem gesellschaftlichen Klischee entsprechen, gebraucht wird, ist kein Indiz gegen diese These.

Die wissenschaftliche Sprache fungiert als *das* Verbindende einer Elite. Vor allem enthält sie die Geschichte und Kultur, die Wertvorstellungen dieser Elite. Zum Ausdruck kommen die vorherrschenden Wertvorstellungen, auch wenn diese im Allgemeinen nicht explizit genannt werden, sondern stillschweigende Übereinkunft sind, oder sogar im Unbewußten gelassen werden. Als StudentInnen und ForscherInnen wachsen wir in diese Sprache hinein und passen unser Denken an sie an. Häufig haben wir diese Kultur gerade deshalb gewählt, weil wir die Trennung zwischen unserem Gefühl und den Inhalten unserer Arbeit begrüßen, sie oft sogar „brauchen". Aber genau dadurch wiederum haben wir wenig Zugang zu den gefühlsmäßigen Anteilen und Zeichen unserer Sprache.

Im folgenden möchte ich mich mit drei Aspekten wissenschaftlicher Sprache und Darstellung aus Zellbiologie und Immunologie beschäftigen. Am auffälligsten (gerade auch für Außenstehende) sind die kriegerischen Metaphern, die ein grundlegendes Charakteristikum des Patriarchats ausdrücken – „Aggression und Angriff". Als eigentliche Basis aber können wir die Definition der Frau als „das Andere" betrachten, das dann beherrscht und/oder ausgegrenzt werden muß. Wie wir sehen werden, ist wissenschaftliches Denken auch hiervon geprägt – „Das Patriarchat". Als letzten Punkt, der mit den anderen in Zusammenhang steht, werde ich die Beziehung zwischen Selbst und Nicht-Selbst beleuchten, einem Grundthema der Immunologie – „Das Eigene und das Fremde".

## Aggression und Angriff – Der Krieg ist der Vater aller Dinge

Aggressives Verhalten als solches ist natürlich nicht ausschließlich männliches Verhalten, aber die neuere feministische Literatur hat zur Genüge belegt, daß in unserer Gesellschaft ein „ausreichendes" Maß an Aggression zum wünschenswerten männlichen Verhalten gehört, während von Frauen immer noch erwartet wird, daß sie hier etwas zurückhaltender sind.

In unserem Zusammenhang zeigt ein Blick in die Literatur, daß BiochemikerInnen und MolekularbiologInnen immunologische Vorgänge bevorzugt mit aggressiven bzw. kriegerischen Metaphern beschreiben. In der Reihe „Spektrum der Wissenschaft: Verständliche Forschung" erschien 1987[6] ein Sammelband „Immunsystem", in dem führende Wissenschaftler auf diesem Forschungsgebiet die molekularen Mechanismen beschreiben. Die Fülle von aggressiv getönten Metaphern erlaubt es mir, im folgenden die Grundzüge immunologischer Vorgänge anhand solcher Zitate zu formulieren.

„Die wichtigste Funktion des Immunsystems ist zweifellos die Abwehr von infektiösen Erregern"[7]. Diese Erreger, auch Antigene genannt, führen eine „Attacke" oder eine „Invasion" gegen den Organismus durch[8]. Säugetiere haben zu ihrer Verteidigung gegen solche Invasionen ein sehr komplexes System entwickelt mit verschiedenen Antikörpern und Zellen wie B- und T-Lymphozyten und Makrophagen.

Es werden Antikörper gebildet, die an Erkennungsstellen (Epitope) an der Oberfläche der eindringenden Antigene binden. „Sie erkennen und markieren dadurch (die) Antigene so, daß sie von anderen Zerstörungsmechanismen des Organismus abgetötet werden können."[9] Aber diese „Antikörper-Moleküle können einen fremden Organismus nicht direkt vernichten, sie markieren ihn nur als Angriffsziel für andere zerstörende Abwehrsysteme"[10]. Diese sind z.B. das Komplementsystem oder die „cytotoxischen T-Zellen, die Killer-Zellen, die ihre Zielzellen direkt töten. Die Vernichtungsmethode ist nicht bekannt. Eine aktivierte cytotoxische T-Zelle heftet sich zwar an ihr Angriffsziel, verschlingt es aber nicht (wie es ein Makrophage, eine Freßzelle, tut); sie erzeugt eine tödliche Verletzung."[11]

Ein Blick in ein Wörterbuch der Immunologie[12] unterrichtet uns dann noch, daß es auch bewaffnete Makrophagen gibt: „Armed macrophage – Makrophage nach Informationsübertragung von einem sensibilisierten Lymphozyt."

Und am Schluß wird aufgeräumt. „Die zugewanderten Freßzellen übernehmen dann das Aufräumen des Schlachtfeldes: sie verschlingen das Antigen, neutralisieren es oder zerstören es enzymatisch."[13] So schließt sich der Kreis, den wir mit dem kleinen Buch vom sieghaften Zellenstaat begonnen haben.

Ab und zu entgleist das Immunsystem und führt dann einen „Angriff auf körpereigenes Gewebe"[14], „gegen den Körper selbst"[15] durch, es kommt zum Autoimmunangriff, zur Autoimmunkrankheit, auch manchmal als Autoaggressionskrankheit bezeichnet.

Aber wir finden Kriegerisches nicht nur in der Immunologie. Der Zeichner TAB der uns bereits bekannten Zeitschrift TIBS schildert ein solches Szenario einschließlich rassistischer Elemente (Abb. 2). Die Zeichnung illustriert Zusammenhänge und Regulationsmechanismen im Stickstoffwechsel mit den Metaboliten Ornithin und Arginin unter bestimmten biochemischen Bedingungen. Im Vergleich zur Immunologie liefert der allgemeine wissenschaftliche Zusammenhang hier viel weniger zwingend eine Kriegssichtweise, so daß das pornographische

*Abb. 2:* Illustration zu Zusammenhängen und Kontrollmechanismen im Arginin- und Ornithinstoffwechsel[16]. „Männer, wir müssen schnell zuschlagen, um unseren Neurospora-Staatsstreich über die Bühne zu bringen! Unsere Jungs sind hinter der Befestigung, sie haben Arginase* und Urease* umgangen. Und jetzt haben Argys** Truppen Ornithin von den Mitchondrien abgeschnitten mitsamt dem Ornithinnachschub aus Glutamat. Wir haben alles unter Kontrolle!" [* mit Doppelaxt und Krummschwert bewaffnete Orientalen; ** = Arginin]

Vergnügen von Autor und Beobachter viel deutlicher sichtbar wird. Ähnliches gilt für Abb. 3. Die Aktivierung von Proteinen innerhalb der Blutgerinnungskaskade durch Abspaltung von Molekülresten zeichnet TAB als Dinosaurierkrieg aller gegen alle, Kastrationsphantasien inbegriffen. Auch hier ist das aggressive Szenario vom wissenschaftlichen Kontext her, meiner Ansicht nach, nicht naheliegend.

Ganz offensichtlich ist Krieg als patriarchaler Zustand so weit verbreitet und ständig präsent in unserem Leben, daß wir in der Regel kaum wahrnehmen, wie sehr er unsere Sprache beeinflußt. Und eben auch die wissenschaftliche Sprache, auch wenn wir der festen Überzeugung sind, daß die Wissenschaft immer noch eine ziemlich objektive Angelegenheit ist.

An dieser Stelle ist wichtig zu betonen, daß es nicht darum geht, daß die Beschreibung von immunologischen Zusammenhängen in aggressiven Metaphern eine inkorrekte Darstellung der Realität[17] ist. Vielmehr möchte ich betonen, daß wir unsere Forschung auf viele verschiedene Arten betrachten können, die alle bis zu einem gewissen Grad in korrekter Weise das erklären, was wir sehen. Aber wenn wir bestimmte Bilder fast ausschließlich benutzen, blenden wir andere Aspekte unseres Forschungszusammenhangs aus. Gerade diese anderen Aspekte aber könnten uns dazu bringen, unseren Gegenstand unter anderen Blickwinkeln zu betrachten. Im Fall der Immunologie könnte dies auch zu einer anderen Art und Weise führen, wie wir mit dem Begriff „Krankheit" umgehen.

*Abb. 3:* Illustration zu Proteolyse und Blutgerinnung[18], dargestellt als Dinosaurierkrieg aller gegen alle, einschließlich Kastrationsphantasien. „Einer unserer Dinosaurier wird vermißt (ein Stück von ihm)."

An dieser Stelle bietet sich ein kleiner Exkurs an in die Arbeitsweise von WissenschaftlerInnen, hier BiochemikerInnen und MolekularbiologInnen. Meine eigene Arbeit über mehrere Jahre bestand im Isolieren und Reinigen von verschiedenen

Proteinen. Auf einen kurzen Nenner gebracht, bedeutet dies: Töten des zu untersuchenden Organismus (Ratte, Huhn, Zellen in einer Kultur, aber auch Ernten von Pflanzen wie Spinat), Herausnehmen des gewünschten Organs (Gehirn, Leber), Kleinschneiden desselben, Homogenisieren, chemisches und/ oder mechanisches Aufbrechen der Zellen und schließlich Extrahieren der gewünschten Komponente über eine Reihe von Verfahren. So kurz gefaßt, liest sich ein solches Standardverfahren schon ziemlich gewalttätig. Aber auch Mic&Mac, Zeichner für TIBS, stellt dieses Verfahren ähnlich dar: „That's an unusual molecule" (Abb. 4). Auf ähnliche Weise können zell-

Abb. 4: „Das ist ein ungewöhnliches Molekül ... jetzt kann ich es untersuchen!"[19]

biologische Verfahren beschrieben werden. Die roten Blutzellen (Erythrozyten) als leicht zu erhaltende Zellen werden gern einem Standardverfahren unterworfen und als „ghosts" (Geister) oder Vesikel als Modellsystem für vielerlei Studien benutzt. Kenneth P. Wheeler[20] setzt sich in seinem Artikel „Tormented ghosts and disoriented vesicles" (Gefolterte Geister und desorientierte Vesikel) mit den Präparationstechniken auseinander, die den „willigen und ständig verfügbaren Erythrozyten" in „gefolterte Geister und desorientierte Vesikel" verwandeln, auseinander. Er nimmt die, aus seiner Sicht, in der Literatur enthaltenen Unklarheiten kritisch unter die Lupe und meint, daß „die Umwandlung einer so freundlichen und harmlosen Zelle in einen Geist nicht sehr nett" sei. „Das Fragmentieren in verschiedene Vesikel kann als grausam betrachtet werden. Aber zu versuchen, ihren armen Geist von innen nach außen zu stülpen, ist klar sadistisch" (Abb. 5).

Carolyn Merchant[21] beschreibt unsere wissenschaftliche Methode als Anwendung von Gewalt und Macht. Diese Methode geht zurück auf die Ursprünge der modernen Naturwissenschaft im 17. Jahrhundert. Francis Bacon, der gefeierte „Vater der modernen Naturwissenschaft", beschreibt die Vernehmung der Hexen als Sinnbild für das Verhör der Natur, den Gerichtssaal als Modell für ihre peinliche Befragung und die Folter durch mechanische Hilfsmittel als Instrument zur Unterjochung des Chaos. Unter dem Einfluß der mechanischen Künste „verrät die Natur ihre Geheimnisse vollständiger ... als im Genusse ihrer natürlichen Freiheit" und „so zeigt sich die durch die Kunst (mechanische Hilfsmittel) gereizte und gefangene Natur offenbarer, als wenn sie sich frey überlassen bleibt."[22] In dieser Gegenüberstellung zeigt sich klar, daß sowohl die frühe wie die heutige Methode eindeutige Herrschaftsbeziehungen darstellen.

Eine immunchemische Arbeitstechnik zeigt einen weiteren wichtigen Aspekt wissenschaftlicher Arbeit. Zur Entfernung bestimmter Lymphozyten aus einer Zellmischung wird die Tatsache genutzt, daß sie Rezeptoren für ein bestimmtes Antigen tragen. Wenn wir ihnen dieses Antigen, stark radioaktiv beladen, anbieten, binden die Zellen dieses radioaktive Molekül und gehen schließlich daran zugrunde. Übrig bleiben alle anderen Zellen. Diese Methode wird „immunologischer Selbstmord" genannt! Der für diesen Zelltod (eher ein Mord als ein Selbstmord) verantwortliche Wissenschaftler (oder auch die Wissenschaftlerin) wird nicht genannt.

Dieses Verschwinden, Nicht-Nennen oder wie immer wir es bezeichnen wollen, des Verantwortlichen, des forschenden Subjekts, ist normale (natur)wissenschaftliche Praxis. Es ist eine der Voraussetzungen von moderner Wissenschaft. Damit wird u.a. die Illusion von Objektivität erreicht. In diesem besonderen Fall gehen die WissenschaftlerInnen sogar noch einen

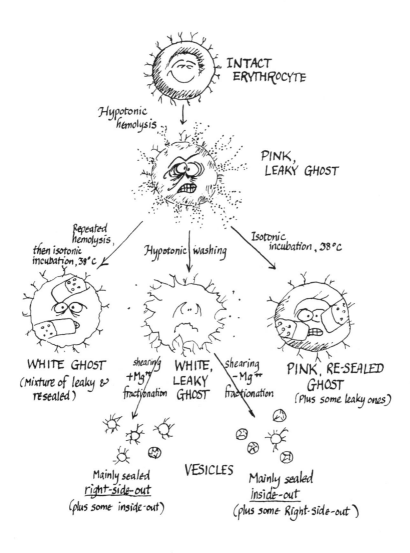

*Abb. 5:* „Gefolterte Geister und desorientierte Vesikel"[23]

Schritt weiter und laden die Verantwortung für die Tat auf die Zelle, das wissenschaftliche Objekt. Diese agiert jetzt aggressiv, wenn auch gegen sich selbst, und begeht Selbstmord. Mary Daly[24] hat diese Umkehrung als eine der grundlegenden Regeln der Spiele der Väter benannt: „Trotz der ins Auge springenden Männer-Zentriertheit dieses Rituals gestatten es sich die Mitglieder des Geheimbundes der Wahren Wissenschaft, so zu schreiben, als seien Frauen die Erfinder, Kontrolleure, Rechtfertiger." Die Analogie zu den Mitgliedern der Scientific Community auf der einen Seite und zur Natur auf der anderen Seite erscheint mir zwingend und damit ein wichtiger Ausgangspunkt für die weitere Analyse.

Das Patriachat

Daß sich das Denken von WissenschaftlerInnen in patriarchalen Bahnen bewegt, zeigt auch eine immer wieder auftauchende „familiäre" Ausdrucksweise. Alle Wirbeltiere verwenden anscheinend ein Ur-Gen für ihre löslichen und zellständigen Antikörper und andere immunologisch wichtigen Zelloberflächenstrukturen. Köhler nennt es den Stammvater einer sogenannten Immunglobulin-Superfamilie[25]. Dies klingt zunächst harmlos. Aber ein solches Bild legt dann auch weitere Vorstellungen nahe, die wir uns von den Beziehungen der beteiligten Moleküle und Zellen untereinander machen. Auch hier schleicht sich unbewußt das Patriarchat mit allen seinen Beziehungen und Machtverhältnissen ein. So gehört zum patriarchalen Stammvater auch eine ganz bestimmte Rolle der Frau.

In englisch-sprachigen Lehrbüchern werden die unreifen, ruhenden B-Zellen, die noch keinerlei Kontakt mit einem Antigen gehabt haben, auch als „virgin cells" (Jungfrauenzellen) bezeichnet. Eine solche Zelle „trägt als Rezeptor ein Muster jenes spezifischen Antikörpers, für dessen Massenproduktion sie ausgelegt ist. Erst wenn sich ein Antigen daran bindet, erwacht die Zelle aus ihrem Dornröschenschlaf".[26]

Und genau diese „Jungfrauen" scheinen bei den schon erwähnten Autoimmunkrankheiten eine entscheidende Rolle zu spielen. Bei einem Mäusestamm mit angeborener Autoimmunkrankheit sind die B-Zellen lange vor Ausbruch der Krankheit überaktiv, und wahrscheinlich sind bereits die Vorstufen dieser Zellen – eben die virgins – im Knochenmark anomal. „Das autonome Verhalten dieser Zellen ähnelt auffallend denen von Krebszellen."[27] Hier klingt eine uns immer noch bekannte Vorstellung an in dem Bild von der Jungfrau, die anomal ist, wenn sie sich autonom verhält. D.h. autonome oder unabhängige Jungfrauen als Krankheit, als Abnormalität. Eine solche Metapher kann nur in einer patriarchalen Gesellschaft entstehen, die besessen ist von weiblicher Jungfräulichkeit und dem Akt der Entjungferung (siehe unten).

Eine „Lösung" des Problems deutet sich aber schon an. Die meisten Autoimmunkrankheiten kommen wesentlich häufiger bei Frauen als bei Männern vor. Als kausale Ursache vermuten die biochemisch orientierten WissenschaftlerInnen einen Einfluß der Sexualhormone auf das Immunsystem[28]. Versuchsergebnisse bei Mäusen, bei denen der Ausbruch der Krankheit nach Entfernung der Eierstöcke und anschließender Behandlung mit männlichen Hormonen verzögert werden konnte, lassen dann folgerichtig auf entsprechende Therapiemöglichkeiten beim Menschen hoffen[29]. Die Abschaffung des Weiblichen oder zumindest die Umwandlung der Frau in ein Neutrum ist eine Problemlösung, die die patriarchale Gesellschaft immer wieder gerne propagiert – Mädchen, die pfeifen, und Hennen, die krähen, soll man beizeiten die Hälse umdrehen! Hier betrifft es Autoimmunkrankheiten. In einem anderen Zusammenhang betrifft es z.B. Wissenschaftlerinnen, die sich einen Platz im System erkämpfen wollen – als Neutrum sind sie noch am ehesten gelitten.

Daß das Bild der Jungfrau auch innerhalb der Immunologie in einem sprachlichen Zusammenhang steht, zeigt der Begriff der „ursprünglichen Antigensünde", den Stephen Fazekas de St. Groth geprägt hat[30]. Er beschreibt damit das sogenannte immunologische Gedächtnis. Noch Jahrzehnte nach einer

Grippeerkrankung können wir Antikörper gegen die damaligen Viren im Blut finden. Es handelt sich hier also um die Sünde, die die Jungfrauen bei ihrem Kontakt mit einem Antigen begangen haben. Eine Sünde obwohl (oder weil?) die Jungfrau ja genau dafür „ausgelegt ist"[31].

Mithilfe von Kappelers Text über Pornographie als Darstellung können wir jetzt auch den geheimen Inhalt wissenschaftlicher Darstellung aufspüren. In der patriarchalen Kultur besteht „das Frauen-Objekt ... allein aus Körper, ohne die Dimension eines menschlichen Willens. Ist es neu, ungebraucht und intakt, so trägt es das Siegel der ‚Unwilligkeit' in seiner Jungfräulichkeit". Neu, ungebraucht und intakt – vor dem Kontakt mit dem ersten Antigen, ein Dornröschen. Entscheidend ist hier die historische Obsession der Männerkultur von weiblicher Jungfräulichkeit und dem Akt der Entjungferung. Es geht um das Zerbrechen des Intakten (die Grundlage jeder biochemischen Forschung), die Vernichtung der Wesenseigenheiten des Objekts, den Akt der Zerstörung und das Sich-Aufzwingen. „Ist das Siegel ihrer Unangetastetheit einmal gebrochen, so kommt die Frauenmaschine erst so richtig in Schwung – sie entspricht dann ihrem Gebrauch"[32] – Die jungfräuliche Zelle verliert ihre „Unangetastetheit", indem sie das Antigen bindet. Sie kommt so richtig in Schwung – die Massenproduktion von Antikörpern läuft an und sie entspricht jetzt ihrem Gebrauch – wofür sie ausgelegt ist[33].

Eine solche Darstellung ist nicht in erster Linie dazu da, ein Objekt oder eine wissenschaftliche Tatsache darzustellen. Es ist viel stärker ein Mittel der Selbstdarstellung. Der Autor drückt hier seine eigene Subjektivität als Mann in einer patriarchalen Kultur aus, indem er auf die Frau als das „Andere Wesen" per se blickt. Veränderte Blickmöglichkeiten, die wir mit diesem Wissen und im Bewußtsein unserer eigenen persönlichen Bedingungen entwickeln können, führen uns sicherlich zu ganz anderen, vielleicht sogar zu vielfältigen Einsichten über den Zusammenhang von Autoimmunkrankheiten, Zellen des Immunsystems und Geschlecht.

## Das Eigene und das Fremde

Dieses „andere Wesen" führt uns zu meinem letzten Punkt – das Immunsystem als ein Erkennungssystem für „selbst" und „nicht selbst" bzw. „eigen" und „fremd".
So beschreibt Lubert Stryer[34] in seinem weit verbreiteten Lehrbuch „Biochemie" als den einzigen Zweck des Immunsystems die „Unterscheidung von ‚eigen' und ‚fremd', bzw. ‚Selbst' und ‚Nicht-Selbst'". „Der Organismus eines Wirbeltieres zieht eine scharfe Trennlinie zwischen ‚selbst' und ‚nicht selbst'. Er unterscheidet körperfremde Gewebe, Zellen, Proteine (Eiweißstoffe) und einige andere große Moleküle von seinen eigenen."[35] Oder anders ausgedrückt: das Immunsystem dient dazu, „die Fremdheit einer Substanz zu erkennen"[36]. Allerdings ist diese Trennung zwischen „eigen" und „fremd" nicht so strikt, wie diese Formulierungen es vermuten lassen, denn der Körper benutzt für die Unterscheidung auf zellulärer Ebene eine enge Verbindung dieser beiden „Identitäten". Die „Abwehrfunktion" könnte sonst überhaupt nicht funktionieren. So erkennt ein T-Zell-Rezeptor nur solche Zellen, die sowohl körpereigene als auch körperfremde Erkennungsstellen tragen. „Antikörper schützen den Organismus vor der Fremdsubstanz, indem sie sich mit ihr verbinden und sie so inaktivieren."[37] Auf dieser innigen Verbindung beruht dann der Unterscheidungsmechanismus. Nichtsdestotrotz suggeriert die Sprache der Immunologen ständig die scharfe Trennung von „selbst" und „nicht selbst".
Es gilt wieder, genau auf die Sprache zu hören: die Fremdheit einer Substanz *erkennen*. Ist nicht Erkennen eher das Gegenteil von Fremdheit? Erkennen können wir nur Vertrautes. Wirklich Fremdes würden wir nicht wahrnehmen. Kann es also sein, daß wir hier mit „eindeutigen" Worten sehr Widersprüchliches beschreiben? Und zwar Widersprüchliches aufgrund unseres Weltbildes, das unbemerkt unsere Fragestellungen prägt.
Wir müssen uns auch hier wieder die Frage stellen, welche bewußten und unbewußten Bilder Metaphern wie „selbst" und

„fremd" bei uns hervorrufen. Die Vorstellung von einem Selbst in unserer Kultur hat zu tun mit Begriffen wie Autonomie, Unabhängigkeit bzw. Unsicherheit und Abhängigkeit als den zugehörigen Gegensätzen. Evelyn Fox Keller[38] benutzt dafür den Ausdruck „statische Autonomie", um das Element der Abgrenzung und des Getrenntseins zu betonen. Als eine Möglichkeit, Autonomie vollkommen anders zu erfahren, und zwar als eine dynamische, beschreibt sie ein Selbst, das sich eingebettet in ein Netzwerk empfindet und aus der Verbindung mit seiner Umwelt seine Stärke zieht.

In der neueren Literatur wird das Immunsystem ebenfalls als ein Netzwerk beschrieben, das einen ständigen Austausch von Informationen zwischen den beteiligten Zellen erfordert[39] – eine Sichtweise, die in die Richtung des „dynamischen Selbst" zu weisen scheint. Ein zweiter Blick belehrt uns jedoch, daß dies täuscht. Die Vorstellung eines Netzes mit den komplizierten Abhängigkeiten und Bedingtheiten bleibt an der Grenze zwischen dem Selbst, dem Körper, der zu verteidigen ist, und den eindringenden Substanzen stehen. Die Umwelt in Form von Fremdsubstanzen, Bakterien oder Viren wird nicht als Teil des Netzes beschrieben, obwohl sie in der Interaktion mit dem Körper eine sehr innige Verbindung mit diesem eingeht. D.h. die Vorstellung von Autonomie und Unabhängigkeit, die in unserer Gesellschaft sehr stark mit Männlichkeit assoziiert ist[40], prägt trotz gegenteiliger Befunde weiterhin die wissenschaftliche Darstellung.

Die Beziehung zwischen „Selbst" und „Nicht-Selbst" hat auch zu tun mit derjenigen zwischen Subjekt und Objekt, dem Forscher und seinem Forschungsgegenstand. Nach Kappeler ist Subjektivität, so wie sie in der patriarchalen Kultur verstanden wird, nur durch Unterdrückung und Erniedrigung zu erreichen. Subjekt sein, bedeutet Vorherrschaft in bezug auf andere, nicht gleiche Beziehungen mit anderen Subjekten. Sie zitiert Simone de Beauvoir mit Bezug auf das Subjekt-Objekt-Paar: „Keine Gemeinschaft definiert sich jemals als das eine, ohne sofort das andere entgegenzusetzen ... Diese Phänomene erklären sich ... wenn man mit Hegel im Bewußtsein selbst eine grundlegend feindliche Handlung in Bezug auf jedes andere Bewußtsein entdeckt; das Subjekt setzt sich nur, indem es sich entgegensetzt – es hat das Bedürfnis, sich als das Wesentliche zu bejahen und das Andere als das Unwesentliche, als Objekt zu setzen."

Vor diesem Hintergrund betrachtet erscheint die Entwicklung von wissenschaftlichen Bildern, wie ich sie hier beschrieben habe, fast zwangsläufig. Es gäbe dann lediglich graduelle Unterschiede in der patriarchalen Sprache, je nach dem Ausmaß des pornographischen Vergnügens, das wir uns als WissenschaftlerInnen erlauben.

Und damit richtet sich unsere Kritik grundlegend gegen die Strukturen, die diese Darstellungen erzeugen, die patriarchale Kultur, die „dem Herren-Hirn entspringt"[41]. Das wichtigste erscheint mir – und da folge ich wieder Susanne Kappeler – die Entwicklung einer anderen Praktik des Sehens, des Fragens, der Kritik und der Treulosigkeit gegenüber der dominanten Vision.

Diese neuen Praktiken können wir (Frauen und Männer) wahrscheinlich am ehesten entwickeln, indem wir immer sensibler für patriarchale Zustände werden, unser Unbehagen in der männlichen Kultur ernst nehmen und versuchen, unsere Forschung von den sich immer weiter entwickelnden feministischen Ideen leiten zu lassen.

Wohin können uns diese feministischen Ideen im konkreten Fall der Immunologie führen? Wir können die Metaphernanalyse mit dem Suchen und Ausprobieren neuer Sprachbilder verbinden. Viren und Bakterien könnten so vielleicht zu Gästen werden[42]. Mit diesem neuen Begriff gilt es jetzt zu spielen. Welche Beziehungen stellt er her, welche anderen Möglichkeiten zu denken und zu forschen kann er bewirken?

Eine weitere Möglichkeit bietet sich uns im Auffinden ähnlicher Vorgänge im Körper, wie es Evelyn Martin vorschlägt[43]. Wir können für die Immunologie dann die Ähnlichkeit aufzeigen zwischen dem Verschmelzen eines Virus mit einer körpereigenen Zelle und einem ähnlichen Verschmelzen zwischen Eizelle und Samenzelle. Der zweite Vorgang wird kaum mit

Bildern von Abgrenzung und Zerstörung beschrieben, so daß wir hier ein anderes mögliches Modell finden können.

Und schließlich besteht die Möglichkeit, daß wir uns durch die von uns benutzte Sprache leiten lassen, daß wir den Erkennensprozeß z.b. als das Erkennen von Vertrautem begreifen und schauen, wohin uns dieser Ansatz führen könnte.

Ansätze für Veränderungen können so schon im Kleinen gefunden werden. Wenn aber eine Arbeitsgruppe bereit ist, die von ihr benutzte Wissenschaftssprache ernst zu nehmen und die Bedingungen dafür bei sich und in der Gesellschaft zu untersuchen, könnten das schon Anfänge feministischer Forschung sein.

## Anmerkungen

[1] Herrmann Dekker: Vom sieghaften Zellenstaat, Stuttgart 1921.
[2] TIBS 15, 1990, S. 32.
[3] Siehe z.B. Charles A. Janeway: A primitive immune system, Nature 341, 1989, S. 108.
[4] Luise F. Pusch: persönliche Mitteilung.
[5] Susanne Kappeler: Pornographie – die Macht der Darstellung, München 1988.
[6] Immunsystem: Abwehr und Selbsterkennung auf molekularem Niveau, Heidelberg, 1987.
[7] Klaus Eichmann: Einführung. In: Immunsystem ebda, S. 111.
[8] G.J.V. Nossal: Wie Zellen Antikörper bilden. In: Immunsystem, ebd., S. 24.
[9] Niels Kaj Jerne: Das Immunsystem. In: Immunsystem ebd., S. 54.
[10] Susumu Tonegawa: Die Moleküle des Immunsystems. In: Immunsystem, ebd., S. 78.
[11] Ebd.
[12] W.J. Herbert und P.C. Wilkinson: Wörterbuch der Immunologie, Stuttgart 1980.
[13] Paul D. Buisseret: Allergie: Wenn die Immunabwehr Fehler macht. In: Immunsystem, ebd., S. 140.
[14] Noel R. Rose: Autoimmunkrankheiten. In: Immunsystem, ebd., S. 114.
[15] Ronald C. Kennedy, Joseph L. Melnick und Gordon R. Dreesman: Anti-Antikörper. In: Immunsystem, ebd., S. 194.
[16] TIBS 13, 1988, S. 103.
[17] Auf die Diskussion über den Stellenwert von „Realität" im Wissenschaftsgebäude möchte ich hier nicht eingehen.
[18] TIBS 14, 1989, S. 271.

[19] TIBS 12, 1987, S. 182.
[20] TIBS 12, 1987, 177-178.
[21] Carolyn Merchant: Der Tod der Natur, München 1987.
[22] Zit. nach Carolyn Merchant, ebd.
[23] TIBS 12, ebd., vgl. Anm. 20.
[24] Mary Daly: Gyn/Ökologie, München 1980.
[25] Georges Köhler: Einführung. In: Immunsystem, ebd. S. 8.
[26] Paul D. Buisseret, a.a.O.
[27] Georges Köhler, a.a.O.
[28] Denkbar wäre natürlich auch ein Einfluß der sozialen und psychischen Situation der Frau im Patriarchat – bekanntermaßen kehren gut angepaßte Frauen ihre Aggressionen eher nach innen als Männer dies tun.
[29] Noel R. Rose, a.a.O.
[30] Zit. nach Niels Kaj Jerne, a.a.O.
[31] Paul D. Buisseret, a.a.O.
[32] Susanne Kappeler, a.a.O.
[33] Paul D. Buisseret, a.a.O.
[34] Lubert Stryer: Biochemie, Heidelberg, 1990.
[35] Paul D. Buisseret, a.a.O.
[36] Klaus Eichmann, a.a.O.
[37] Sir Macfarlane Burnet: Die Mechanismen der Immunität. In: Immunsystem, ebd.
[38] Evelyn Fox Keller: Liebe, Macht und Erkenntnis, München 1986.
[39] Noel R. Rose, a.a.O.
[40] Evelyn Fox Keller, a.a.O.
[41] Susanne Kappeler, a.a.O.
[42] Diese Idee entstand im Laufe eines Seminars von Luise F. Pusch mit Naturwissenschaftlerinnen und Ingenieurinnen.
[43] Emily Martin: Die Frau im Körper, Frankfurt/Main 1989.

*Rosemarie Rübsamen*

# Die Physik – Elemente zu einer feministischen Wissenschaft

1. Warum diese Überlegungen?

Die Motivation für meine Überlegungen ist eine immer wiederholte und diskutierte Beobachtung: daß Frauen in der Physik ein Unbehagen empfinden, wegen der männerdominierten Arbeitsstrukturen und Vorgehensweisen, aber auch wegen eines oft schwer definierbaren Gefühles von Fremdheit dem Fach, seinen Inhalten und Methoden gegenüber. Ein Unbehagen, das bei vielen Frauen mit dem Ausstieg aus der Physik endet, bei den meisten schon in der Schule.

Dies ist aus verschiedenen Gründen ein Problem. Einmal deshalb, weil damit diese wichtige gesellschaftliche Machtsphäre für Frauen weitgehend verschlossen bleibt. Ferner können Frauen ihr Interesse an Naturerkenntnis und Naturnutzung nicht verwirklichen – dieses Interesse ist sehr wohl bei vielen Frauen vorhanden, sie erkennen es aber in den Formen der patriarchalen Naturwissenschaft sehr oft nicht wieder. Und schließlich ist es mittlerweile unübersehbar, daß es weder für die Ökologie noch für den Frieden zuträglich ist, wenn sich männerbündische Strukturen der Erforschung und Nutzung der Naturkräfte annehmen.

Gleich zu Anfang möchte ich darauf hinweisen, daß diese Überlegungen in westdeutschen Zusammenhängen entstanden sind, in denen die Frage von Frauen und Physik eine ganz andere Brisanz hatte als beispielsweise in der Gesellschaft der DDR. Das liegt daran, daß die gesellschaftlichen Rollenvorstellungen im Westen weitaus mehr polarisiert sind und die Frage, ob sich der Physikberuf mit dem „Frausein" vertrage, deshalb viel zugespitzter ist. Die folgenden Überlegungen sind deshalb ziemlich „fundamentalistisch" und bestehen in der „Umkehrung des Spießes": wenn gesagt wird, daß die Physik nichts für Frauen sei, ist es höchste Zeit, sie zu verändern!

## 2. Eine erste pragmatische Antwort: Mehr Frauen in die Physik! – Aber ist das schon die Lösung des Problems?

Wenn es gelingen würde, die Frauenminderheit in der Physik so groß werden zu lassen, daß die Frauen sich nicht immer nur als einzelne den dominierenden patriarchalen Strukturen anpassen müssen, sondern die Chance haben, ihre eigenen Sichtweisen kollektiv zu entwickeln und erfolgreich andere Arbeitsstrukturen durchzusetzen, könnte sich etwas ändern. (SoziologInnen meinen, daß dies bei 30 % der Fall sein könnte, wovon die Physik meilenweit entfernt ist! – Wohlgemerkt: dies wäre eine notwendige, aber keineswegs hinreichende Bedingung für eine Veränderung der Physik durch Frauen.) Dies könnte durch diverse Kampagnen, Unterstützungsprogramme im schulischen und beruflichen Bereich und dadurch erreicht werden, daß Frauen bewußt menschenfreundliche Nischen in der Physik aufsuchen.

Wahrscheinlich ist es aber damit, daß mehr Frauen in die Physik gehen, nicht getan. Könnte es nicht sein, daß sich im Fach selbst patriarchale Strukturen verbergen, mit denen Frauen nicht zurechtkommen? Würde es etwas nützen, diese aufzudecken? Und wäre eine Physik denkbar, die bewußt aus Frauensicht entworfen ist, eine feministische physikalische Wissenschaft?

## 3. Kann uns die feministische Forschung in den Sozial- und Geisteswissenschaften weiterhelfen?

In verschiedenen Fächern im sozial- und geisteswissenschaftlichen Bereich gibt es seit vielen Jahren Ansätze aus feministischer Sicht: es werden die Inhalte kritisiert (beispielsweise die Tatsache, daß Frauen und weibliche Lebenszusammenhänge zu wenig Thema sind) oder die Fragestellungen (beispielsweise, daß die Forschungen aus patriarchaler Sicht heraus konzipiert werden) oder die Methoden (beispielsweise der untragbare Objektivitätsanspruch der traditionellen patriarchalen Wissenschaft). Zur grundsätzlichen Vorgehensweise einer feministischen Wissenschaft gibt es viele Thesen und Theorien[1].

Alle diese Ansätze haben zur Vorbedingung, daß es in diesen Wissenschaften explizit um menschliche oder gesellschaftliche Themen geht, in denen Kategorien eines sozialen oder biologischen Geschlechts zu finden sind. Deshalb kann leicht argumentiert werden, daß die Wissenschaft „ergänzungsbedürftig" oder „verbesserungswürdig" ist, wenn Frauengesichtspunkte fehlen oder verzerrt dargestellt werden.

Diese Vorbedingung gilt auch noch in den biologischen Wissenschaften, in denen schon sehr oft patriarchale Voreingenommenheit kritisiert wurde[2]. In den sog. „harten" Natur- und Ingenieurwissenschaften wird es aber sehr schwierig: diese Wissenschaften sind nach ihrem eigenen Selbstverständnis frei von gesellschaftlichen Fragestellungen, untersuchen nicht die belebte Natur und beinhalten deshalb auch keine geschlechtlichen Kategorien, welcher Art auch immer. Diese traditionelle Sichtweise kollidiert allerdings auf äußerst merkwürdige Weise mit der Tatsache, daß es gerade die „harten" Natur- und Ingenieurwissenschaften sind, die auf besonders krasse Weise Frauen ausschließen und behaupten, „Männersache"zu sein.

Wenngleich uns also die Theorien und Thesen der Sozial- und Geisteswissenschaften zu feministischer Wissenschaft und die Ansätze in den biologischen Wissenschaften nicht unmittelbar weiterhelfen können, stellt sich jedoch das Problem in verschärfter Weise in den „harten" Fächern, z.B. in der Physik!

## 4. Die Suche nach den patriarchalen Strukturen in der Physik

Nach der traditionellen Sichtweise der Physik ist es ein Widerspruch in sich: patriarchale Strukturen in diesem Fach zu suchen. Denn diese Wissenschaft sei gesellschaftlich neutral, beinhalte also z.B. keinerlei Probleme gesellschaftlicher Herrschaftsverhältnisse, und befasse sich mit unbelebten Dingen, die kein Geschlecht haben. Daraus ergibt sich sofort, daß unmittelbar keine feministischen Ansätze in diesem Fach formuliert werden können, die im bestehenden Wissenschaftsbetrieb begründet umsetzbar sind. Das Gefühl der Fremdheit vieler Frauen diesem Fach gegenüber kann also nicht unmittelbar dadurch aufgehoben werden, daß Frauen eine feministische Forschung aus ihrer Sicht in der Physik vorschlagen könnten. (Von den Durchsetzungsschwierigkeiten, die es auch in den „begründbaren" Fächern wie Sozial- und Geisteswissenschaften oder Biologie gibt, noch ganz zu schweigen.)

Wenn aber angesichts der extremen Ausgrenzung von Frauen in der Physik trotzdem mit bester Begründung die Frage wiederholt wird, ob es nicht doch patriarchale Strukturen in diesem Fach gibt, muß sich sofort die Frage anschließen: was nützt uns dann eine solche Erkenntnis, angenommen, wir würden fündig? – Innerhalb der physikalischen Fachwelt können wir damit unmittelbar nichts anfangen!

Trotzdem müssen wir auf die Suche gehen. Denn wenn wir nicht enträtseln, welche heimlichen Botschaften in der Physik oder in ihrem Umfeld die Frauen abschrecken, werden wir das Problem wohl nicht lösen können, daß sich Frauen in diesem wichtigen gesellschaftlichen Bereich nicht beteiligen können. Aber Vorsicht ist geboten bei der Hoffnung auf vorschnelle Erfolge in dieser Wissenschaft und bei der Wirkung auf Frauen außerhalb: wie öfters geschehen, könnten diese die Analyse patriarchaler Strukturen leider dahingehend mißinterpretieren, daß sie sich in ihrer Ablehnung noch bestätigt fühlen!

## 5. Die Suche in den Metaebenen der Physik

Wegen des Fehlens gesellschaftlicher und geschlechtlicher Kategorien im Kernbereich dieses Faches, also im traditionellen Lehrgebäude, sollte zunächst nicht damit begonnen werden, dort, also in den wissenschaftlichen Inhalten, zu suchen. Wie jede Wissenschaft hat jedoch auch die Physik ein Umfeld, in dem sie mit gesellschaftlichen Prozessen in Wechselwirkung steht. Allerdings leugnen traditionelle VertreterInnen, daß dieses Umfeld ein Bestandteil der Wissenschaft Physik ist.

Die verschiedenen Aspekte in diesem Umfeld nenne ich Metaebenen der Physik. Sie existieren meistens auch als wissenschaftliche Fragestellungen und Disziplinen, allerdings gewöhnlich nicht innerhalb der physikalischen Fachbereiche. Zu ihnen gehören:

- die Soziologie der wissenschaftlichen Gemeinde,
- die Geschichte des Faches,
- die Methodenfragen,
- die Wissenschaftstheorie des Faches,
- erkenntnistheoretische Fragen,
- die Didaktik,
- die Wissenschaftspolitik,

um einige von den wichtigsten zu nennen.

Diese Metaebenen müssen als erstes nach patriarchalen Strukturen abgeklopft werden, um daraus Anhaltspunkte für eine Suche in den fachlichen Inhalten selbst zu gewinnen. In den Metaebenen ist die Suche leicht. Allerdings sind es oft Strukturen, die nicht explizit auf Männerdominanz, sondern eher implizit auf patriarchal bestimmte, im strengen Sinne jedoch geschlechtsneutrale Normen hinweisen. Bei den explizit als patriarchal erkennbaren Strukturen ist mit Wahrnehmungsproblemen zu rechnen: Menschen, die von der Ideologie der gesellschaftlichen Neutralität dieses Faches durchdrungen sind, werden beispielsweise übersehen, daß die soziologisch belegten, über jeden Zweifel erhabenen, männerbündischen Strukturen erstens existieren und zweitens eine Bedeutung für Frauen in diesem Fach haben.

Hierin liegt übrigens ein echtes „double bind" und eines der größten Probleme für Frauen: wenn Frauen sich auf die reine Fachebene begeben und nur durch ihre Leistung vorwärtskommen wollen, verlieren sie, da sie die Politik in dieser Männerstruktur vernachlässigen. Wenn Frauen aber Politik für sich machen, wie es für jeden Mann selbstverständlich ist, verlieren sie ebenso, da ihnen dann „Unsachlichkeit" vorgeworfen wird.

## 6. Unmittelbare und verborgene patriarchale Strukturen in den Metaebenen der Physik

Einige der vielfältigen Hinweise aus den Metaebenen der Physik, die patriarchale Strukturen erkennen lassen, sollen im folgenden aufgeführt werden.

Die *soziologische Zusammensetzung* der wissenschaftlichen Gemeinde stellt eine fast 100%ige Männermonokultur dar. Nicht nur in den höheren Rängen, sondern in allen beruflichen Positionen in der Physik sind Frauen mit höchstens einigen Prozent vertreten. Es ist aber nicht nur die Anhäufung von Männern an sich; soziologische Untersuchungen weisen eine Anreicherung von Individuen nach, deren Eigenschaften in unserer Gesellschaft üblicherweise dem männlichen Sozialcharakter zugeordnet werden: übermäßig verstandesorientiert, sozial desinteressiert, konkurrenzbetont. Eine Unfähigkeit oder Unwilligkeit, sich auf Frauen als Kolleginnen einzulassen, ist weit ausgeprägt. Wie Evelyn Fox Keller[3] nachgewiesen hat, ist der männliche Sozialcharakter geradezu *definiert* durch das typische Persönlichkeitsprofil derjenigen Individuen, die in den wichtigsten machtstrategischen Bereichen der Gesellschaft, nämlich u.a. Naturwissenschaft und Technik, tätig sind.

*Geschichtlich* ist die heutige Naturwissenschaft und Technik das Resultat einer mit der Neuzeit beginnenden Naturbetrachtung, bei der die patriarchale Herrschaft über Frauen zum Modell wurde für den Umgang mit der Natur, d.h. die Beherrschung und Ausbeutung von „Mutter Natur" zum Programm erklärt wurde. Die Veränderung des Naturbildes zu Beginn der Neuzeit ist Gegenstand vieler ökologisch motivierter Untersuchungen[4]. Beginnend mit der „Mechanischen Philosophie" (der späteren Physik) wurde die „Kunst" entwickelt, isolierte Aspekte aus der Natur herauszugreifen, systematisch zu untersuchen, mathematisch zu beschreiben und „den Rest" zu vernachlässigen. Das Herauspräparieren der geeigneten Teilbereiche geschieht nach Strategien einfacher Erklärungsmodelle, damit ist unmittelbar die Beherrschbarkeit und technische Umsetzbarkeit gegeben. Dies macht den ungeheuren Erfolg, aber auch das ökologische Katastrophenpotential dieser Methode und ihre Affinität zu militärischen Fragestellungen aus. Andere Naturerkenntnis wurde verdrängt oder zerstört, so die Alchemie, die Naturmystik, vor allem aber die Naturkunde der „weisen Frauen". Auch wenn viele Aspekte der Hexenverfolgung noch weiterer Forschung bedürfen, ist doch nicht zu übersehen, daß es sich dabei um eine breite Vernichtung von Frauen handelte, die Wissen besaßen und denen deswegen magische Macht über Natur und Körper nachgesagt wurde – das, was Männer in ihrer neuen Wissenschaft für sich allein reklamieren wollten[5]. Das Programm der neuen Wissenschaft ist in bemerkenswerter Offenheit von Francis Bacon als ein Untersuchungsprozeß der Natur, der nach dem Vorbild der Folter von Hexen ablaufen sollte, sowie als eine Methode zur Erhöhung männlicher Macht bezeichnet worden[6]. Wie es scheint, ist diese reduzierte Weise der Naturbetrachtung schon früh auch von Frauen kritisiert worden[7]. Und eins darf schließlich nicht vergessen werden: nach den Frauen zu suchen, die sich trotz allem im Laufe der Jahrhunderte in der Physik betätigt haben. Wie bei vielen neuen gesellschaftlichen Entwicklungen waren Frauen am Anfang durchaus vertreten; die Ideologie der Frauenausgrenzung hat sich erst im Laufe der Zeit wirklich durchgesetzt. Es ist die Polarisierung der Geschlechtscharaktere in der bürgerlichen Gesellschaft, die der patriarchalen Ideologie der Wissenschaft zum entscheidenden Durchbruch verholfen hat, und es gilt auch das Umgekehrte. Sie haben sich wechselseitig verstärkt und zum Durchbruch verholfen[8].

Während die soziologischen und historischen Tatsachen die prägende Rolle des Patriarchats unübersehbar darlegen, ist dieser Einfluß im Bereich der *methodischen* Fragestellungen der Physik etwas verschlüsselter; er wird jedoch vor dem soziologischen und historischen Hintergrund ebenso deutlich. Das physikalische Experiment ist, im Kontext seiner Geschichte, eine gewaltsame, künstlich konstruierte Situation, in der sich reduzierte Einzelelemente der Natur offenbaren sollen. Die Forschungsstrategien und Arbeitsweisen der Männer-Monokultur in der Physik sind von einseitigen und reduzierten Fragestellungen, gesellschaftlicher und ökologischer Ignoranz, Konkurrenzstreben und Imponiergehabe bestimmt. Sehr häufig geht eine primäre Fragestellung von militärischen Zusammenhängen aus. Daß bei dieser Ausgangslage eine sehr eigentümliche Naturbetrachtung herauskommt, die sich gerade auch für naturkundlich interessierte Menschen keineswegs leicht erschließt, wird symptomatisch immer wieder im Physikunterricht in der Schule deutlich.

*Wissenschaftstheoretisch* ist an der Physik besonders auffällig, daß es eine strikte Trennung der Fachinhalte von allen übrigen Fragen gibt, die auch die Wissenschaft betreffen und die die verschiedenen Bezüge zum gesellschaftlichen Prozeß herstellen. Nach der herkömmlichen Sichtweise haben die Fachinhalte, vertreten in physikalischen Fachbereichen, und die metawissenschaftlichen Problemkreise der Physik nichts miteinander zu tun. Letztere sind deshalb fast nie in physikalischen Fachbereichen, sondern in den jeweiligen anderen Fachbereichen angesiedelt. Allerdings ist hier seit einigen Jahren ein zaghafter Wandel zu bemerken; es scheint z.B. möglich zu werden, ein metawissenschaftliches Thema als Examensarbeit in einem physikalischen Fachbereich zu bearbeiten.

Und eines sollte noch konstatiert werden: das Abschneiden der metawissenschaftlichen Bereiche ist auch eine Beschränkung der Kreativität in der Physik selbst. Denn wenn der wissenschaftliche Prozeß auf fundamentale Probleme stößt, wie es z.B. heute in der Elementarteilchenphysik der Fall ist, ist diese Situation nur zu meistern, wenn die Konturen des Wissensgebäudes nach allen Seiten offen und flexibel sind, wenn also sowohl Methodendiskussionen als auch „Philosophie" zugelassen sind. Wenn dies nicht der Fall ist, entsteht ein Wissenschaftsprozeß, in dem sich Perioden der unreflektierten Ausgestaltung der bestehenden Lehrmeinung und eruptive Prozesse der Neuorientierung, die oft von außen angestoßen sind und wie fremde Vorgänge wirken, abwechseln. Etwas sarkastisch wäre zu fragen, ob nicht Kuhns berühmtes wissenschaftstheoretisches Modell[9] weniger von allgemeingültiger Art ist, als daß es auf die gravierende Krankheit der Physik, ihren Abgrenzungswahn, hinweist.

Von einem ähnlichen Abgrenzungswahn ist in bezug auf *erkenntnistheoretische Fragen* zu sprechen. Das grundlegende Modell ist die Abtrennung von Subjekt und Objekt. Wenngleich diese Abtrennung in den modernen Theorien der Physik aufgeweicht ist, ist es jedoch weit übertrieben zu behaupten, es gäbe ein neues Modell, das von einem Bezug von Subjekt und Objekt ausgeht, wie es manche populärwissenschaftlichen AutorInnen behaupten (siehe hierzu Abschnitt 10).

Und um zum Schluß auf die *Didaktik* der Physik zu kommen: sowohl die Lehre in der Schule als auch an der Universität krankt daran, daß der Stoff ohne Kontext dargeboten wird. Ein vermeintlich ahistorisches Lehrgebäude, unmotiviert wirkende Experimente, Theorien ohne Klärung des Verhältnisses der Physik zur Mathematik und Philosophie, allenfalls oberflächliche Anwendungsbeispiele bestimmen weitgehend das Bild. Der Sinn und die Bedeutung dieser durchaus nicht unmittelbar einleuchtenden Methode der Naturforschung wird nicht reflektiert.

Zusammenfassend läßt sich feststellen: auf den Metaebenen der Physik sind neben deutlich erkennbaren patriarchalen Strukturen durchgängige Muster von Abgrenzungsstreben und Beziehungslosigkeit zu bemerken. Die Frage ist jetzt: weisen auch diese Muster auf patriarchale Strukturen hin? Sind sie also – obwohl im strengen Sinne geschlechtsneutral – die verborgenen Fallstricke für Frauen in der Physik? Es deutet alles darauf hin, daß dies so ist, und zur Erläuterung verweise ich im folgenden auf Evelyn Fox Keller, die einen Einblick in dieses Problem gegeben hat.

## 7. Abtrennung – ein grundlegendes patriarchales Muster

Evelyn Fox Keller[10] hat eine bedeutsame Analyse geliefert, warum die mehrheitlich anzutreffende psychische Struktur von Männern in unserer heutigen patriarchalen Gesellschaft so gut zu den gesellschaftlichen Strukturen dieser technikzentrierten Zivilisation und ihren wissenschaftlichen Methoden paßt und beides einander bedingt und sich gegenseitig verstärkt. Sie bereitet dazu psychoanalytische Theorien auf und verknüpft sie mit soziologischen Studien über die Persönlichkeitsmerkmale „typischer" Vertreter(Innen) naturwissenschaftlicher und technischer Berufe.

Demnach ist die Quintessenz der Wahrnehmungsmuster und Verhaltensstrategien von Männern im Patriarchat ein Abgrenzungszwang. Dieser wird psychoanalytisch so erklärt, daß es gewöhnlich ausschließlich Frauen sind, die die ersten Bezugspersonen für Kinder sind, während Männer überwiegend abwesend sind, da sie „Wichtigeres" zur Aufrechterhaltung patriarchaler Strukturen zu tun haben. In unserer technisch-industriellen Zivilisation verwirklicht sich die geschlechtliche Arbeitsteilung nicht nur in Form der räumlichen Trennung von Wohnung und Arbeitsplatz, sondern vor allem auch durch den ideologischen Überbau, indem das „Wesen" und die „Zuständigkeit" von Männern für die Berufswelt und die Öffentlichkeit, von Frauen für Haus und Kinder festgeschrieben wird. Wenn also dadurch Männer „ihrem Wesen nach" nicht zur Welt der Frauen und Kinder gehören und faktisch auch überwiegend abwesend sind, müssen Jungen in weit größerem Maße als Mädchen ihre Geschlechtsidentität durch Abgrenzung, die Negation des Weiblichen, entwickeln; nicht durch Beziehung, die Annahme des Männlichen. Eine solche, durch Negation gewonnene Identität ist labil, ihre Sicherheit liegt in ihrer Abgrenzungsfähigkeit, das Bedürfnis nach Grenzziehungen und Abspaltungen ist deshalb existentiell, und die diesbezügliche Kreativität ist hoch. Demgegenüber liegen die Wahrnehmungsmuster und das Bedürfnis von Frauen mehrheitlich in Beziehungen und Kontexten, und sie haben dort ihre stärkste Kreativität. Insofern werden also wesentliche Strategien im naturwissenschaftlich-technischen Bereich als patriarchale Abgrenzungsmuster erklärbar, die von einer Mehrheit der Männer, vor allem in diesen Bereichen, gelebt werden.

Wesentliche Probleme, die Frauen dort haben, hängen mit diesem Muster zusammen, sowohl auf der Ebene des Lernens und der Erkenntnisgewinnung als auch auf der Ebene des Verhaltens und der Arbeitsstrukturen. Es deutet sehr viel darauf hin, daß hier der Kernpunkt der gestörten Beziehung zwischen Frauen und der naturwissenschaftlich-technischen Zivilisation liegt.

## 8. Die Suche nach den patriarchalen Strukturen in den Inhalten der Physik

Die Frage: was wäre eine frauenbestimmte Physik?, setzt nach traditioneller Sichtweise an den fachlichen Inhalten an. Automatisch ergibt sich damit das Dilemma, begründen zu sollen, warum bei einer feministischen Forschung „etwas anderes herauskommen" würde – wo doch die Wissenschaft angeblich gesellschaftlich neutral ist.

Übrigens ist es interessant, daß diese Problematik oft in polemischer Weise gerade an dem ungeeignetsten Beispiel aufgehängt wird: wäre das Fallgesetz denn anders, wenn Frauen es gefunden hätten – „Fällt der Stein bei Frauen anders???" Es ist zwar symptomatisch, daß dieses Beispiel gewählt wird – ist das Fallgesetz doch historisch einer der allererersten großen Erfolge der jungen Wissenschaft Physik gewesen, sozusagen eines ihrer „Urmodelle" (ein anderes ist die Himmelsmechanik). Da lautet die Botschaft: Frauen sollten sich hüten, dieses Allerheiligste infrage zu stellen!!! Jedoch ist dieses Beispiel wegen seiner gewaltigen Einfachheit völlig ungeeignet, das Problem zu diskutieren, welchen Einfluß menschliche Sichtweisen auf Erkenntnisprozesse haben – ein Thema, das in den weitaus komplexeren Theorien der modernen Physik längst Eingang gefunden hat. Auf diesen Punkt komme ich weiter unten noch zurück.

Die Frage vieler Frauen, die sich in der Physik nicht wohl fühlen, was sie denn „anders" machen könnten, ist im Rahmen des Faches, so wie es heute ist, tatsächlich nicht im engen Sinne des traditionellen Wissenschaftsprozesses zu beantworten. – Wie sich gezeigt hat, ist das Problem aber gerade darin zu suchen, daß die fachlichen Inhalte so extrem abgegrenzt sind. Es wäre deshalb unsinnig, eine Lösung für Frauen gerade in diesem reduzierten Rahmen zu suchen. Die Überwindung der Grenzen muß deshalb die grundlegende Strategie sein.

Trotzdem sollten wir uns auch die faszinierende und für gelernte PhysikerInnen wirklich irritierende Frage stellen: Sind vielleicht sogar in diesen reduzierten wissenschaftlichen Inhalten patriarchale Denkmuster verborgen? Wenn wir jedoch solche finden, sollten wir uns klarmachen: die Strukturen in diesem reduzierten Kontext stellen nicht das Hauptproblem für Frauen dar.

Es gibt bisher nur einige Hinweise, wo zu suchen ist. Die etablierte Seite erklärt jede solche Suche als immanenten Unsinn: Die Inhalte der Physik seien, als Tatsachen der außermenschlichen Natur, grundsätzlich gesellschaftlich neutral und deswegen schon gar nicht patriarchal bestimmt. Dabei wird ausgeblendet, wie die wissenschaftlichen Produkte entstehen, ja, daß es sich überhaupt um menschliche Produkte und nicht ausschließlich um außermenschliche Gegenstände handelt. Dagegen ist der Standpunkt der Metawissenschaften der, daß die Wissenschaftsproduktion die Herstellung eines menschlichen, in seine Gesellschaft eingebetteten Produkts ist. Nur mit diesem Ansatz kann versucht werden, gesellschaftliche Einflüsse in den Fachinhalten aufzuspüren. Es ist also eine tiefe Kluft zu überspringen, wenn frau sich mit einem der Physik selbst fremden Standpunkt intensiv in die physikalischen Fachinhalte vertiefen will, um darin verborgene Bedeutungen zu suchen.

Einige Hinweise darauf, daß sich in zentralen Begriffsbildungen der Physik patriarchale Denkmuster niedergeschlagen haben, sind beispielsweise zu finden in der Gesamtstruktur der Theoriebildung über die physikalischen Wechselwirkungen und über den Aufbau der Materie, die sich durch hierarchische Auffassungen auszeichnen[11], oder bei der Begriffsbildung der Energie. Dort zeigt sich erstens ganz deutlich, daß dieser Begriff einen gesellschaftlichen Hintergrund hat, in dem Sinne, daß die Energie im Kontext der Physik strukturell ziemlich genau dasselbe ist wie Geld bzw. Kapital in der Industriegesellschaft[12], und zweitens läßt sich der Verdacht nicht von der Hand weisen, es handle sich bei der Suche nach Ewigkeit (Energieerhaltung) um patriarchalen Unsterblichkeitswahn[13].

## 9. Der zweifelhafte Nutzen einer feministischen Analyse der physikalischen Fachinhalte

Wichtig ist, die Abgrenzungsstrategien, die patriarchale Traditionen in die Naturerkenntnis und Nutzung der Naturkräfte hineingebracht haben, zu überwinden. Eine feministische Analyse der abgegrenzten Fachinhalte für sich ist deshalb, als grundlegende Strategie für Frauen, eher ein Nebenschauplatz, von unklarem Wert und an mancher Stelle sogar kontraproduktiv.

*Innerwissenschaftlich* ist es höchst unklar, ob dieses Vorgehen eine Aussicht hat, als neue wissenschaftliche Richtung Eingang in die Physik zu finden, so wie es in den Sozial- und Geisteswissenschaften mit der Frauenforschung der Fall ist. Wenn existierende Theorien und Begriffsbildungen auf ihre patriarchalen Inhalte abgeklopft werden, lassen sich damit im Rahmen der Physik keine Lorbeeren ernten: denn diese Wissenschaft besteht nach etablierter Meinung darin, neue Inhalte zu entwickeln und nicht alte in ein neues Licht zu stellen. (Die Vorstellung vom Fortschritt ist streng eindimensional.) Ferner sind die Methoden gänzlich unklar: mit welchem Instrumentarium soll herausgefunden werden, was sich bestimmte PhysikerInnen „in Wirklichkeit" gedacht haben, als sie ihre Begriffe formten? Mit biographischen Forschungen? Mit geistesgeschichtlichen Untersuchungen? – Jedenfalls nicht mit dem angestammten Instrumentarium der Physik: mit Experimenten, Modellierungen und Berechnungen! – Nun könnten andererseits PhysikerInnen sich im Moment der Arbeit, d.h. beim Entwickeln neuer physikalischer Inhalte (dem Wissenschaftsprozeß im traditionellen Sinne), der Frage aussetzen, was sie von sich und ihrem gesellschaftlichen Umfeld in die Arbeit einbringen, welche Denkstrukturen sie also in ihren Ergebnissen niederlegen. Ob eine solche Anforderung, ein so hoher Grad an Bewußtheit, jedoch zu verwirklichen ist? Und ist es nicht gerade oft eine überdurchschnittliche Bewußtheit, die Frauen scheitern läßt, weil sie die Kluft zwischen ihren Fragen und der Dumpfheit der herkömmlichen Arbeit, die Kontexte ausblendet, nicht ertragen?

In bezug auf die *Frauenbewegung* ist eine isolierte Analyse der physikalischen Fachinhalte nach meiner Erfahrung überwiegend kontraproduktiv, weil sie die Distanz der Frauen zu den Naturwissenschaften eher erhöht anstatt überwindet. Nachdem ich mich diverse Male darüber geärgert hatte, daß Frauen sich bequem zurücklehnten, als sie erfahren hatten, wie durch und durch patriarchal die Vorstellungen von Naturphänomenen in der Physik sind[14], kam ich zu dem Schluß: ich hatte die Problematik nicht zu Ende gedacht. Denn eine solche Analyse, wenn frau sich an der Deutung der isolierten Fachinhalte abarbeitet, reproduziert das grundlegende Defizit der Physik, ihre Abgegrenztheit! Während ich, als gelernte Physikerin, dachte, die fundamentalen Theorien seien der zentrale Hebel, um anzusetzen, mußte ich nun sehen: das Fundamentale ist allenfalls ein Teil des Problems!

In *außerwissenschaftlicher* Hinsicht, in bezug auf ökologische und friedenspolitische Aspekte, führt es nicht zu sinnvollen Handlungsanleitungen, die patriarchalen Denkstrukturen in physikalischen Theorien und Begriffen zu kritisieren. Während die reduzierte, extrem instrumentelle Naturauffassung der Physik zu Recht verantwortlich gemacht wird für ökologische Zerstörung und militärische Gewalt, gilt doch keineswegs der geradlinige Schluß, daß diejenigen physikalischen Verfahren besonders zerstörerisch und abzulehnen sind, deren militärischer Ursprung erwiesen ist oder deren patriarchaler Gedankeninhalt identifiziert werden kann. Im folgenden sollen einige Beispiele zeigen, wie vielschichtig die Problematik ist.

*Die Photovoltaik – patriarchaler Ursprung, positives Ergebnis*

Die Stromerzeugung aus Sonnenlicht wurde als erstes für die Energieversorgung von Satelliten, also ursprünglich für militärische Zielsetzungen, entwickelt. Die Halbleiterphysik, die zu dieser Technik nötig ist, bewegt sich auf einer fundamentalen Ebene der Materiestrukturen und setzt die zerlegende Naturauffassung der Physik voraus; sie erfordert und produziert deshalb Hochtechnologie im Kontext großer (Militär)konzerne. Für eine Stromversorgung ohne Atomenergie und fossile Quellen ist die Photovoltaik jedoch auf längere Sicht eines der wichtigsten Potentiale. Es ist abzusehen, daß Photovoltaikmodule als Dachdeckung und Fassadenverkleidung für alle Gebäude zur Verfügung stehen werden und in den Ländern der Dritten Welt, in denen kein Stromnetz existiert, die wichtigste Stromquelle darstellen werden. Es fällt sicher vor dem Hintergrund der weltweiten Energieproblematik schwer, die Photovoltaik wegen ihres militärischen Ursprungs und des tiefen Eingriffes in Materiestrukturen abzulehnen.

*Die Ultraschalldiagnostik*
*– patriarchaler Ursprung, ambivalentes Ergebnis*

Entstanden im 1. Weltkrieg aus der militärischen Aufgabe, U-Boote zu orten, ist sie heute ein hochentwickeltes Diagnosewerkzeug in der Medizin und in der Technik. (Keine risikoträchtige technische Einrichtung, kein stark belastetes Bauteil ohne vorgeschriebene, wiederkehrende Ultraschallprüfungen zur Früherkennung von Schäden!) Der typische instrumentelle Umgang der Ultraschalldiagnostik mit der Natur und dem Körper hat zu einer sehr ambivalenten Situation in der Medizin geführt. Im Rahmen der Schulmedizin ist diese, Sonographie genannte, Untersuchungsmethode zwar ein großer Fortschritt und bringt wesentlich weniger gesundheitliches Risiko mit sich als beispielsweise die Röntgendiagnostik; aber sie leistet im Rahmen der Gynäkologie der Enteignung des Körpers von Frauen Vorschub, macht eine massive Überwachung möglich und hat die Tendenz hervorgebracht, ein Kind im Mutterleib als eigenständige Rechtspersönlichkeit und die Frau als sein „fötales Umfeld" zu begreifen.

*Die Atomenergie– patriarchaler Ursprung, negatives Ergebnis*

Die Atomenergie ist ein so eindeutiges Beispiel, daß sie für alle fundamentalistischen technikkritischen Analysen herhalten muß. Ihre untrennbare Verknüpfung mit militärischen Unternehmungen ist von Anfang bis heute vorhanden. Die zerlegende Naturauffassung der Physik wirkt sich, auf dieser Ebene des Eingriffes in die Materie, ganz unmittelbar gefährlich für Menschen und Natur aus. Die Kernspaltung (und -fusion) ist geradezu ein Musterbeispiel für Zerstörung: bei Atombomben ist es das Vernichtungspotential der freigesetzten Energie; bei Atomkraftwerken, wo ungleich größere Mengen Energie kontrolliert abgeleitet werden, sind es die riesigen Mengen übriggebliebener gespaltener Urankerne, die höchst unverträglich mit dem heutigen Ökosystem sind.

*Die Energieerhaltung*
*– patriarchaler Ursprung, irrelevantes Ergebnis*

Als ein Beispiel dafür, daß patriarchale Kulturmuster für die lebensweltliche Praxis überhaupt keine Bedeutung haben müssen, soll noch einmal die zitierte Analyse[15] angeführt werden. Dort wird – unter dem Eindruck der Reaktorkatastrophe von Tschernobyl – die These vertreten, das Todbringende der Technik komme daher, daß in der patriarchalen Tradition wahnhaft Unsterblichkeit gesucht werde. Die Verletzlichkeit, Unvollkommenheit und Sterblichkeit des Lebens werde verdrängt; gerade deshalb komme der Tod sozusagen durch die Hintertür wieder herein. Als Beispiel für diesen patriarchalen Unsterblichkeitswahn wird der Energieerhaltungssatz der Physik angeführt und es wird angedeutet, daß dieser Unsterblichkeitswahn in einem Zusammenhang mit todbringenden Energietechnologien stehe. – Zwar halte ich diese grundlegende These für voll zutreffend vor dem Hintergrund der abendländischen Kulturgeschichte mit ihren jenseitigen patriarchalen Religionen, die voll von Natur- und Frauenverachtung sind. Es ist auch sehr plausibel, daß die Suche nach Ewigkeiten in der Natur (die Herausbildung des Energiebegriffes) gespeist wird von diesem Streben nach Unsterblichkeit. Bloß hilft diese Analyse ganz und gar nichts, wenn es um das Dilemma der Energiepolitik geht. Denn das Problem ist doch nicht, daß Energie ewig erhalten bleibt (so pauschal wäre das doch die Lösung allen Übels!), sondern daß ihre Wandlung in immer neue Formen dazu führt, daß die nutzbaren Energieträger abnehmen, während nicht nutzbare Energieformen (Umgebungswärme) dafür entstehen. Nicht die Ewigkeit der Energie, sondern die Wandelbarkeit ihrer Formen ist das Problem.

*Der Reduktionismus in der Physik*
*– patriarchaler Ursprung, irreführender Ausweg*

Als ein wichtiger und umfangreicher Gesichtspunkt zum Thema: „Was nützt eine (feministische) Analyse physikalischer Denkstrukturen?", soll im nächsten Punkt untersucht werden, was es mit der in vielen Zusammenhängen diskutierten Kritik am Reduktionismus in der Physik und dem vielbeschworenen ganzheitlichen Weltbild auf sich hat und was diese Konzepte wirklich leisten.

## 10. Noch einmal zu den physikalischen Fachinhalten: Der zweifelhafte Nutzen des „ganzheitlichen Weltbildes"

Rufen wir uns die Analyse von Evelyn Fox Keller ins Gedächtnis: wenn patriarchale Abtrennungsstrategien das Problem für Frauen in der Physik sind (und dazu beitragen, daß die modernen Naturwissenschaften ökologische Gefahren verursachen), so müßte ein Kernpunkt feministischer Strategie darin bestehen, mehr kontextbezogene Konzepte und Arbeitsstrukturen zu entwickeln. Jetzt soll noch einmal verdeutlicht werden, daß ein Verharren in den reinen physikalischen Fachinhalten, und dort insbesondere in den theoretischen Konzepten, hierzu weder wichtige noch eindeutige Beiträge leisten kann.

Da die theoretische Physik schon immer Überlegungen in Philosophie, Religion oder Weltanschauung angeregt hat, ist es natürlich ein verführerischer Gedanke, Konzepte der theoretischen Physik auf Weltprobleme anzuwenden und sich davon fundamentale Erkenntnis und Lösungsmöglichkeiten zu versprechen. Die populärwissenschaftliche Literatur lebt in erheblichem Umfang davon. Seit einer Reihe von Jahren ist es in Mode, auf die öffentliche Kritik an Naturwissenschaft und Technik mit der Botschaft zu reagieren: Eigentlich sei das, was kritisiert wird, schon längst überholt; Konzepte in der theoretischen Physik hätten Instrumente der Herrschaft über die Natur wie Reduktionismus und Determinismus überwunden. Da dies bei oberflächlicher Betrachtung genau so klingt wie die feministische Suche nach anderen Ansätzen in den Naturwissenschaften und viel Beachtung findet, soll an einem Beispiel eine kurze Analyse folgen.

Ein Dreh- und Angelpunkt der theoretischen Modellbildung in der Physik ist die Frage der Abtrennung: Wie wird ein Phänomen zerlegt, so daß eine Grenze gefunden werden kann zwischen dem Betrachteten und dem Vernachlässigten, dem Mathematisierbaren und dem Rest? In der klassischen Physik geschah dieses auf dem Gebiet der Mechanik in einer ziemlich grobschlächtigen Weise. Mechanische Vorstellungen von Zerlegbarkeit prägten lange Zeit sehr stark die physikalische Denkweise und führten zu dem heute kritisierten mechanistischen Weltbild und seinem Reduktionismus, also der Vorstellung, alles in der Natur auf mechanische Vorgänge und ihre Bestandteile zurückführen zu können.

Für uns als Feministinnen stellt sich also die Frage: werden unsere Probleme mit der Physik geringer (und ihr Potential, ökologische Probleme zu verursachen, kleiner), wenn die Physik ihre Theorien heute mehr in Richtung umfassender, sogenannter ganzheitlicher Konzepte verschiebt? Und: ist dieser Prozeß nicht längst im Gange, und bekämpfen wir in Wirklichkeit einen Popanz, wenn wir uns an den patriarchalen Abtrennungsstrategien abarbeiten? Und noch mehr: gibt es auf der Basis ganzheitlicher Konzepte nicht längst einen neuen Entwurf für die Physik, der das Attribut „feministisch" verdient?

Dies etwa ist die zentrale Botschaft einer Reihe von populärwissenschaftlichen Veröffentlichungen, die seit etwa zehn Jahren, wesentlich im Umkreis der New-Age-Bewegung, zum Thema der Naturwissenschaften und Weltprobleme Stellung nehmen. Als einer der prominentesten Vertreter sei Fritjof Capra herausgegriffen[16]. Die Quintessenz der in der Öffentlichkeit vor einigen Jahren viel beachteten Schriften lautet: was der Physik an menschen- und naturfeindlichem Denken angelastet werde, sei eigentlich heute in dieser Wissenschaft schon überholt. Es entspreche dem mechanistischen Weltbild früherer Epochen, in denen auch die fundamentale Subjekt-Objekt-Trennung gültig gewesen sei. Diese sei wiederum die Ursache für den gewaltsamen, reduktionistischen Umgang mit der Natur. Dagegen hätten die modernen Theorien der Physik, die Quantenmechanik und die Relativitätstheorie, sowie ihre Zusammenfügung, die theoretische Elementarteilchenphysik, die Subjekt-Objekt-Trennung überwunden und den Grundstein gelegt für ein holistisches (ganzheitliches) Weltbild und einen sanften Umgang mit der Natur. Dies sei dann auch ein Konzept, das Frauen gemäßer sei.

Es kann hier nicht auf alle Gesichtspunkte eingegangen werden. Von besonders großer Tragweite ist die Behauptung, daß die Subjekt-Objekt-Trennung in den modernen Theorien der Physik überwunden sei. Tatsächlich beinhalten diese Theorien ein neues Element: Sie handeln nicht nur von Objekten, sondern auch davon, wie das physikalische Informationsmittel die Kenntnis von diesen Objekten beeinflußt. In der Relativitätstheorie ist es die Lichtgeschwindigkeit als die fundamentale Geschwindigkeit von Signalen, mit denen wir Kenntnis von Ereignissen erhalten können, die als Element in die Theorie eingebaut ist (wobei diese Signalgeschwindigkeit nur bei sehr großen Entfernungen bzw. Geschwindigkeiten von Objekten tatsächliche Bedeutung hat). In der Quantenmechanik wird berücksichtigt, daß Messungen bei atomaren und subatomaren Strukturen Eingriffe darstellen, die das Ergebnis beeinflussen.

Nun wird also behauptet, dies bedeute die Überwindung der Subjekt-Objekt-Trennung. Ein Subjekt ist ein Mensch, verortet in einer Gesellschaft, die neben vielen anderen Aktivitäten Wissenschaft betreibt. Dazu wird eine ganze Palette diverser Maßnahmen ergriffen, vom Schulunterricht über die Wissenschaftspolitik bis hin zum Betrieb von Forschungsinstituten. Zur Physik gehören Experimentalphysik und theoretische Physik. Letztere bringt in ihren Theorien philosophische oder erkenntnistheoretische Implikationen hervor, die jedoch im täglichen Forschungsprozeß weder in der Experimentalphysik noch in der theoretischen Physik sonderliche Bedeutung haben. Die Objekte sind solche, die extrem weit aus dem Erfahrungsbereich der Menschen gerückt sind – entweder wegen ihrer Kleinheit (Quantenmechanik) oder ihrer kosmischen Dimension (Relativitätstheorie). Nun geht jemand her und behauptet allen Ernstes: es bedeute eine Aufhebung der Subjekt-Objekt-Trennung, wenn Objekte, die dem Subjekt auf einer praktischen Ebene ganz und gar unzugänglich sind, durch ein Element in der Theorie, im allerentlegensten Winkel des gesamten wissenschaftlichen Prozesses, mit dem physikalischen Meßvorgang (und damit dem Erkenntnisprozeß) in Beziehung gesetzt werden!

Es wird überhaupt nicht berücksichtigt, daß Beziehungen existieren bzw. wiederhergestellt werden müßten zwischen Menschen mit ihren vielen Dimensionen, dem gesellschaftlichen Wissenschaftsprozeß und den Ergebnissen in den verschiedenen Zweigen. Capra beispielsweise verliert bei seinen philosophischen Höhenflügen kein Wort darüber, was PhysikerInnen heute real in ihrem Beruf tun (weltweit ist über die

Hälfte direkt in Rüstungsprojekten involviert) und ob die modernen Theorien der Physik für PhysikerInnen im Beruf konkrete bewußtseinsmäßige oder ethische Konsequenzen haben (das haben sie in keiner Weise); er erweckt beim Laienpublikum den Eindruck, als Physiker über die Physik zu sprechen, wobei er in Wirklichkeit als Ausgestiegener über eine Metaebene der Physik (die Philosophie) schreibt; er hält den alten Führungsanspruch der Physik gegenüber den anderen Naturwissenschaften aufrecht, wenn er alle Wissenschaften, nur nicht die Physik, konkret kritisiert und als rückständig bezeichnet, während die Physik nur pauschal als Vorbild für das Gedankengebäude (das holistische Weltbild) vorkommt[17].

Während die Überwindung von Abtrennungen behauptet wird, geschieht in Wirklichkeit eine Abspaltung extremer Art. Wie erläutert, gehört es zum Normalzustand in der Physik, daß die dort Tätigen viele Facetten ihrer Persönlichkeit und ihres Umfeldes verdrängen. Wer dies aber zum globalen Programm eines neuen Zeitalters erhebt – Höhenflüge in der theoretischen Physik bei gleichzeitiger Vernachlässigung sämtlicher konkreter Auswirkungen – und dann auch noch behauptet, dies löse Probleme, weil es Zusammenhänge herstelle, hat schon ein Glanzstück an Bewußtseinsspaltung vollbracht. Die interessante Frage wäre dann, warum solche Bücher zu gewissen Zeiten so viel Erfolg haben.

Nun könnte aber immer noch behauptet werden, daß Theorien, die ihr Erkenntnismittel mitreflektieren, doch eine Tendenz besäßen, mehr Zusammenhänge zu berücksichtigen als Theorien, die von den nackten Objekten handeln. Sowohl die Quantenmechanik als auch die Relativitätstheorie haben zu Anfang eine Fülle von philosophischen und weltanschaulichen Diskussionen ausgelöst, da sie tatsächlich eine massive Veränderung im Denken implizieren. Die Frage ist nur: Was bedeutet dieses neue Denken, und wo wirkt es sich aus? In Wirklichkeit wird eine Verbindung hergestellt zwischen Objekten, die den Menschen unmittelbar überhaupt nicht zugänglich sind, und der traditionellen physikalischen Maschinerie, Experiment und Theorie. Diese diente schon immer dazu, Dinge beherrschbar zu machen – so auch hier. Das Neue ist: es werden Gegenstände beherrschbar, die vorher nicht beherrschbar waren, weil sie sich dem menschlichen Erfahrungsbereich entziehen. Folgerichtig überfordern die gedanklichen Konzepte der Quantenmechanik und Relativitätstheorie erheblich den menschlichen Alltagsverstand, und die allermeisten PhysikerInnen „leben" deshalb nicht in dieser Gedankenwelt, sondern benutzen die modernen Theorien der Physik einfach als Formalismus.

Dieser Formalismus funktioniert exzellent, ganz im traditionellen Sinne. Da die modernen Theorien der Physik fast ein Jahrhundert alt sind, können wir betrachten, was sie hervorgebracht haben. Darunter sind alle technischen Entwicklungen, die tiefe Eingriffe in Materiestrukturen beinhalten:

- Die Kernspaltung: Atombomben und Atomkraftwerke, die Verwendung radioaktiver Isotope in der Forschung und Medizin;
- Die Halbleiterphysik: elektronische Datenverarbeitung, beispielsweise Computer, computergestützte Planungs- und Fertigungsprozesse, Computerspiele und Computersimulation, Überwachungssysteme, Bildverarbeitung in der Medizin (z.B. bei der Ultraschalldiagnostik) und beim Militär (z.B. für Waffenlenksysteme);
- Die Halbleiterphysik: elektronische Steuerung, von der Autozündung über Atomkraftwerke und Chemiefabriken bis hin zu allen Alternativenergieanlagen; Roboter, selbstgesteuerte Verkehrsmittel und Anlagen für den Ersatz von Körperfunktionen, vom Herzschrittmacher bis zur Intensivmedizin;
- Die Halbleiterphysik: Photovoltaik;
- Die Quantenoptik: Laser (für Technik, Medizin, Militär), Photovoltaik und Solarchemie (die Synthese von energiespeichernden Substanzen mittels Sonnenlicht);
- Die Übertragung physikalischer Methoden auf die Biologie: die Molekularbiologie und Gentechnik;

um nur einige wichtige Gebiete zu nennen.

Frau beurteile selbst, ob hierin ein sanftes Verhalten gegenüber der Natur liegt. Was eindeutig ist: die modernen Konzepte der Physik machen eine sehr viel tiefgreifendere Beherrschung von Naturphänomenen möglich, da ihre Theorien angepaßter sind als die viel zu grobe klassische Physik. Der Wissenschaftsprozeß ist keineswegs grundlegend anders als vor den physikalischen Entwicklungen dieses Jahrhunderts. Die gesamte Fülle der Anwendungen ist äußerst ambivalent; es sind (und das nicht zufällig) Zerstörungswerkzeuge darunter wie die Atomkraft oder hochgradige Gefahrenpotentiale wie die Gentechnik, wie sie in der menschlichen Geschichte noch nie existiert haben. Andererseits ermöglicht das äußerst verfeinerte Beherrschungsinstrumentarium, komplexe und unregelmäßige Naturprozesse wie Sonnen- und Windenergie für eine hochentwickelte Industriestruktur nutzbar zu machen, die extreme Anforderungen an die Verfügung von Energie stellt.

Falls es eine gesellschaftliche Wahrnehmung oder Denkstruktur gibt, die verschlüsselt in der Quantenmechanik und Relativitätstheorie verborgen liegt, so ist es diese: Es wird erkannt, daß die moderne technische Zivilisation nur noch ein vermitteltes Verhältnis zur Natur hat. Die Natur ist nicht mehr unmittelbare Realität. Ihre Wirklichkeit gewinnt sie erst durch das naturwissenschaftlich-technische Instrumentarium. Dies aus zwei Gründen: erstens ist der Aufwand zur Naturforschung und -beherrschung bei den weit von den Menschen entfernten Gegenständen so groß geworden, daß die Werkzeuge ebenso viel Bedeutung bekommen wie die Gegenstände selbst. Diese sind daher nicht einfach gegeben, sondern stellen sich erst durch die Werkzeuge her. Zweitens sind die Menschen in den Industrieländern in ihrem Alltag von soviel Maschinerie umgeben, daß ihr Lebensgefühl nicht mehr von der direkten Konfrontation mit der Natur bestimmt ist; beispielsweise hängt das Überleben der Bevölkerung nicht mehr jedes Jahr vom Wetter und den Ernteerträgen ab. Dafür ist das Lebensgefühl abhängig geworden von den Auswirkungen des Industriesystems auf die globale Umwelt und davon, daß diese Auswirkungen nur noch mit naturwissenschaftlich-technischem Instrumentarium registriert werden können (Beispiel: Klimabeobachtung und -simulation).

Fazit: das aus der modernen theoretischen Physik herausphantasierte „holistische Weltbild" ist eine grobe Irreführung des Laienpublikums und hat mit dem Streben nach Zusammenhängen nicht das mindeste zu tun. Noch eine Bemerkung zur Wortwahl. Der Begriff „Ganzheitlichkeit" ist eigentlich verräterisch: legt er doch nahe, daß es möglich sei, das „Ganze" im Blick zu behalten. Ist dies aber nicht ein grandioser patriarchaler Größenwahn? Denn natürlich müssen Menschen immer etwas ausblenden, wenn sie sehen, hören, denken oder agieren. Und wenn frau die Bücher der New-Age-ProtagonistInnen (beispielsweise „Wendezeit") einmal mit weltanschaulichen Propagandaschriften aus der Nazi-Zeit vergleicht[18], so fällt eine erstaunliche Parallele in Diktion, Begriffsinstrumentarium und Argumentationsweise auf.

Es sieht ganz danach aus, daß „Ganzheitlichkeit" dem reaktionären totalitären Denken näher liegt als dem Bestreben von Frauen, in Zusammenhängen zu leben und zu denken. Aus diesem Grunde finde ich es viel angebrachter, den Begriff der Kontextbezogenheit zu gebrauchen, der von einem Ort und seiner Umgebung spricht.

## 11. Offene Fragen:
Welche Bedeutung haben neue Entwicklungen in der Physik und wie können Feministinnen sie beurteilen?

Ein Körnchen Wahrheit liegt in vielen Veröffentlichungen und Diskussionen: daß die theoretische Physik tatsächlich in den letzten Jahrzehnten einige neue, ideologieträchtige Entwicklungszweige eröffnet hat, die vielleicht nicht ohne Bedeutung sind, sei es wissenschaftsintern, sei es in bezug auf gesellschaftliche Auswirkungen, sei es für feministische Ansätze in der Physik. Es ist deshalb wichtig, diese Arbeitsgebiete zu beobachten und einzuschätzen.

Ein Raster von Fragen und Kriterien ist zu entwickeln, um zu Beurteilungen zu kommen. Klar sollte sein: es gibt keinen Automatismus der Wirkungen. Wenn ein Arbeitsgebiet der theoretischen Physik ideologieträchtig ist, muß die konkrete Arbeit in der gesamten Physik davon überhaupt nicht betroffen sein. Auch die Arbeitsbedingungen für Frauen müssen keineswegs anders sein. Wie sich ein ideologieträchtiges Gebiet der Physik in Anwendungen übersetzt, ist eine weitere, überhaupt nicht schlüssig ableitbare Frage; genauso wie es fraglich ist, ob die wichtigen Technologien der Zukunft von den ideologieträchtigen neuen Theorien oder von schlichter Kleinarbeit auf der Basis alter theoretischer und experimenteller Konzepte hervorgebracht werden. Und ob all dieses für ein feministisches Anliegen, Kontexte zu schaffen, irgendeine Bedeutung hat (und wenn ja: an welcher Stelle?), ist ebenso wenig eindeutig zu beantworten. Folgende ideologieträchtige Arbeitsgebiete, die die Physik in den letzten Jahrzehnten eröffnet hat, sollen als Beispiele herangezogen werden:

– Außenseitermethoden in der theoretischen Elementarteilchenphysik: die „bootstrap"-Hypothese von Fritjof Capra (die Überwindung der Hierarchie: „jedes Elementarteilchen besteht aus allen anderen").[19]
– Die Theorien der Selbstorganisation von Ilya Prigogine und anderen (die Überwindung der „toten Materie" und die Schaffung von Modellen für das Organische).[20]
– Die Chaosforschung (die Selbstabschaffung des Determinismus und der Beherrschbarkeit – „der Flügelschlag eines Schmetterlings kann einen Wirbelsturm auslösen").
– Ein genereller Trend in vielen Gebieten zur „Vernetzung" und „Ganzheitlichkeit" (die Überwindung des Reduktionismus, der zerlegenden Naturauffassung).

Dies hört sich doch alles sehr danach an, als ob dort Feministinnen am Werke seien. Im folgenden will ich versuchen, ein Frageraster zu entwerfen, mit dem wir eine Einschätzung neuer Entwicklungen versuchen können.

1. Was ist neu an der betreffenden Entwicklung und warum wurde diese jetzt möglich? (Beispiel: sowohl die Theorien der Selbstorganisation wie die Chaosforschung beinhalten keine neuen physikalischen Konzepte. Nur die Tatsache, daß seit ei-

nigen Jahrzehnten mathematische Probleme – die Lösung nichtlinearer Differentialgleichungen – mit Großrechenanlagen bearbeitet werden können, die sich früher jeglicher Behandlung entzogen, macht das Neue aus. Ähnliches gilt für die Trends zur „Vernetzung": der Einsatz von Computern macht es möglich, weitaus umfangreichere und komplexere Probleme zu behandeln, verschiedene Gebiete sowie Forschung und Anwendung zu verknüpfen.)

2. Werden durch die neue Entwicklung altehrwürdige Prinzipien in Frage gestellt, und wenn ja, warum? Hat dies Auswirkungen auf den gesamten Arbeitsprozeß in der Physik? (Beispiel: in der Chaosforschung wird der Determinismus durch Vollendung ad absurdum geführt. Denn die Behandlung nichtlinearer Differentialgleichungen ist eine äußerste, übersteigerte Ausschöpfung des deterministischen Programms, der Vorausberechnung von Naturvorgängen. – Andererseits werden in der Meteorologie und Klimasimulation genau dieselben mathematischen Grundlagen zum Zwecke von Vorhersagen in Näherungsverfahren verwendet – in welchem Verhältnis stehen diese beiden Dinge zueinander?)

3. In welchem Verhältnis stehen Theorie und Experiment? (Beispiel: Capras „bootstrap"-Hypothese wird schätzungsweise mit den gleichen experimentellen Methoden – dem Schießen von Elementarteilchen aufeinander – in den gleichen Großforschungszentren überprüft werden müssen wie die dominierenden Richtungen der Elementarteilchentheorie.)

4. Wie sieht es mit den technologischen Perspektiven der Theorien aus? Vermutung: entweder bestätigen sich alte Prinzipien, die für die Beherrschbarkeit der Phänomene wesentlich sind, wenn auch eventuell in neuem Gewande, dann wird es technologische Perspektiven und damit weitere Forschungsgelder geben, d. h. dann ist diese Entwicklung wirklich relevant. Oder es sind dort wirklich Endpunkte erreicht, dann werden sehr schnell die Geldhähne zugedreht werden.

5. Wie sieht es mit den Arbeitsbedingungen für Frauen aus? Und sind diese neuen Gebiete nur solange „menschenfreund-

lich", wie sie noch kein prestigeträchtiges oder technologisches Potential erkennen lassen?

## 12. Die Entwicklung von Kontexten: Strategien für Frauen

Eine umfassende Strategie für eine feministische wissenschaftliche Arbeit in der Physik ist nicht in Sicht. In den Geistes- und Sozialwissenschaften sowie in der Biologie ist es (im Prinzip) möglich, mehrere Ziele zusammen anzustreben:

- Veränderung der Fachinhalte durch feministische Überlegungen;
- Begründung neuer Forschungsrichtungen im Fach;
- Verstärkte Präsenz von Frauen in der Wissenschaft;
- Relevanz der wissenschaftlichen Arbeit für außerwissenschaftliche, gesellschaftliche Ziele, z.B. emanzipatorische oder ökologische Bestrebungen.

In den „harten" Naturwissenschaften ist eine solche Bündelung wegen des Fehlens gesellschaftlicher und geschlechtlicher Kategorien in den wissenschaftlichen Inhalten nicht möglich. Es ist alles viel mehr auf die Spitze getrieben. Fordern Frauen als Frauen bewußt ihren Teil in der Physik, heißt es gleich, kommt denn etwas anderes heraus, wenn Frauen Physik treiben? Da dies eine so schwierige Frage ist, müssen wir aufpassen. Wir dürfen uns nicht dazu versteigen, an uns selbst die Anforderung zu stellen, in jedem Falle „etwas anderes herausbekommen zu müssen". Sondern wir müssen offensiv verteidigen, daß wir als Frauen schlicht und einfach beteiligt sein wollen. Schon die Veränderung der Arbeitsbedingungen zu diesem Zweck ist ein gewaltiges Unternehmen und rüttelt an den Grundfesten.

Ich meine jedoch, daß das wirklich Faszinierende darin liegt, bewußt als Frauen nach den „anderen" Perspektiven zu suchen. Diese Arbeit schlägt sich natürlich nicht sofort in physikalischen Fachinhalten nieder. Bei den heutigen komplexen oder subtilen Forschungsgegenständen, bei denen Grundsatzfragen aufgeworfen, die Grenzen der exakten Wissenschaften erreicht und neue Verknüpfungen möglich werden, ist ein weites Feld für feministische Betätigung gegeben; die Frage, welchen Einfluß andere Sichtweisen haben, klingt dort keineswegs mehr so lächerlich. Leider haben wir noch kein mögliches Vorbild wie die biologischen Wissenschaften mit Barbara McClintock[21]. Wahrscheinlich wird ein erfolgreiches Vorgehen nicht darin liegen, alles „ganz anders" zu machen, sondern darin, bewußt neue Richtungen anzugehen. Beispielsweise statt der patriarchalen Vorgehensweise, so viel wie möglich und so früh wie möglich zu zerlegen, so wenig wie möglich und so spät wie möglich.

Als wesentliches Anliegen kann wohl formuliert werden: die fachlichen Inhalte der Physik mit Fragen nach Sinn und Bedeutung und gesellschaftlichen Dimensionen in Beziehung zu setzen. Was dies jeweils bedeutet, ist noch zu entwickeln. Auf jeden Fall scheint die Arbeit an der Peripherie des Faches für den Anfang am erfolgversprechendsten. Ebenso müssen Teilbereiche der oben genannten Gesamtstrategie zunächst unabhängig voneinander angestrebt werden. Das heißt also: es sind zunächst periphere und partikuläre Strategien, und frau muß sich auf eine langfristige Arbeit einrichten.

Im Zentrum zu beginnen, also in den physikalischen Fachbereichen eine inhaltliche Veränderung aus feministischer Sicht durchzusetzen, ist nicht nur wegen der harten Konturen des Faches besonders schwierig und für den Anfang eine unsinnige Verzettelung der Kräfte. Wie ich oben gezeigt habe, muß auch zunächst über solche denkbaren anderen Inhalte, vor allem aber ihren Sinn und mögliche Arbeitsmethoden viel mehr nachgedacht werden.

Den Frauenanteil in der Physik zu erhöhen, ist ein wesentlicher Teil der gesamten Strategie, damit Frauen kollektiv andere Sichtweisen und Arbeitsstrukturen entwickeln und durchsetzen können. Allein die Überwindung des männerdominierten Workoholismus, der immer voraussetzt, daß die soziale Arbeit von jemand anders (den Frauen) geleistet wird, käme einer Revolution gleich.

Zwischen der Mehrheit der Frauen, auch der Feministinnen, und der Physik ist die Beziehungs- und Sprachlosigkeit zu überwinden. Feministinnen, die in der Physik arbeiten, brauchen solidarische Ansprechpartnerinnen „draußen". Frauen, die nicht im naturwissenschaftlich-technischen Bereich berufstätig sind, sollten diese Fächer nicht einfach als „Männerspielwiese" abtun, sondern sich klarmachen, daß wir alle erheblich davon betroffen sind, was dort geschieht. Auf längere Sicht reicht es nicht, im Ernstfall mit Protest zu reagieren – es sind überwiegend Frauen, die Widerstandsgruppen gegen gefährliche technische Entwicklungen initiieren. Aber was weitgehend fehlt, sind Konzepte von Frauen für eine andere Naturwissenschaft und Technik; und nicht zu vergessen, die Entwicklung der Macht, diese auch durchzusetzen.

Die Herstellung von Beziehungen zwischen Frauen und der Physik ist deshalb ein sehr wichtiges Anliegen, weil sich nur dann mehr Frauen entschließen, in die Physik zu gehen, wenn die Grenzen durchlässiger werden. Um dies zu erreichen, können Aktivitäten von feministischen Physikerinnen einen wichtigen Beitrag leisten, vor allem mit der Arbeit in den metawissenschaftlichen Bereichen. Diese kann als Brücke dienen zwischen der Physik und den Frauen, die bisher zu viele Barrieren vor sich gesehen haben; zu diesem Thema führe ich unten noch mehr aus.

Wenn Frauen sich entschlossen haben, in der Physik zu arbeiten, aber Probleme mit den männerdominierten Strukturen und Vorgehensweisen haben, gibt es die Möglichkeit, bewußt menschenfreundliche Nischen zu suchen. Diese finden sich eher in der Peripherie des Faches (so wie es sich traditionell versteht), nämlich in den Gebieten, die sich weniger mit der vordersten Front der Forschung auf den fundamentalen Ebenen befassen, sondern mehr mit interdisziplinären, anwendungsbezogenen Themen. Also statt Elementarteilchenphysik vielleicht Medizinphysik oder die Physik regenerativer Energien. Wie Diskussionen über feministische Strategien in der Physik immer wieder andeuten, scheint dies tatsächlich ein Ausweg für eine gewisse Anzahl von Physikerinnen zu sein.

Ob es eine allgemeingültige Richtschnur gibt, wo diese menschenfreundlichen Nischen zu suchen sind, ist unklar. Sind es die interdisziplinären Gebiete, in denen Anwendungskontexte vorhanden sind? Aber werden diese positiven Seiten nicht manchmal durch außerhalb der Physik liegende Einflüsse herabgesetzt – in der Geophysik beispielsweise durch Interessen des Militärs oder der Rohstoffausbeutung, in der Medizinphysik durch den Anspruch, alles Lebendige beherrschbar zu machen sowie durch die verknöcherten Hierarchien des Medizinbetriebes? Sind es die „esoterischen" Gebiete, in denen frau versuchen kann herauszufinden, ob es doch neue philosophische Grundsätze in der Physik gibt? Sind es vielleicht Grenzgebiete der exakten Naturwissenschaften (Beispiel: Organismen und Elektromagnetismus), die in ihrer Subtilität und Komplexität ein Gefühl für Zusammenhänge erfordern?

Ein ungelöstes Problem ist, wie gleichzeitig einer Einengung von möglichen Betätigungsfeldern von Frauen begegnet werden kann. Die wenigen Frauen, die sich zu einem Physikstudium entschließen, sind meist höher motiviert als der Männerdurchschnitt, und sie interessieren sich sehr wohl für die fundamentalen Konzepte (das „Zentrum") des Faches. Soll frau sich daraus so einfach verdrängen lassen? Hinzu kommt die traditionelle Hierarchie der Wertschätzung: die „zentralen" Bereiche der Physik sind höher angesehen als die „peripheren". Hier stehen Frauen, wie so oft, vor dem Dilemma, daß sie sich in die weniger angesehenen Bereiche „abgeschoben" fühlen. Zu bedenken ist aber, daß die Physik mit ihrer traditionellen Struktur hochgradig defizitbeladen ist. Das Überhandnehmen des Formalismus nimmt oft den „zentralen" Bereichen der Physik das eigentlich Kreative. Die fehlenden Kontexte sollten Frauen als Defizit patriarchaler Männer sehen, und die Arbeit von Frauen in „peripheren", also mehr kontextbezogenen Bereichen als Fähigkeit und Begabung, die den meisten Männern fehlt, und die heute an vielen Stellen vehement gefordert wird.

In vielen Bereichen plädieren VordenkerInnen für „ganzheitliche" oder „vernetzende" Vorgehensweisen, beispielsweise in der Wirtschaft oder im Management (Stichwort: lean management), damit mehr Effektivität erreicht wird als mit der traditionellen hierarchischen Struktur. Was dabei gewöhnlich nicht gesagt wird, ist, daß diese Vorgehensweisen im Kern den Fähigkeiten von Frauen entsprechen. Eine Zweischneidigkeit ist allerdings nicht zu übersehen: es soll die Fähigkeit der Organisation, nach außen Macht auszuüben, erhöht werden, indem intern die Machtstruktur „flacher" wird. Dies ist solange eine Quadratur des Kreises, wie patriarchale Ziele (Konkurrenz auf dem Weltmarkt) mit entgegengesetzten Mitteln (Kooperation in der Firma) erreicht werden sollen. Trotzdem: wenn heute ein Prozeß des Umdenkens und eine Umschichtung der Werte im Gang ist, müssen Frauen dies offensiv für sich reklamieren!

Nun braucht frau aber gar nicht an multinationale Konzerne mit zweifelhaften Unternehmenszielen zu denken, wenn Arbeitsbereiche im naturwissenschaftlich-technischen Bereich gesucht sind, die mehr kontextbezogenes Arbeiten ermöglichen und erfordern. Es gibt einen Arbeitsbereich, der von immenser Bedeutung in den nächsten Jahrzehnten sein wird: alternative Energien. Diese sind für die Fähigkeiten, Bedürfnisse und Begabungen von Frauen, in Kontexten zu arbeiten, ein ideales Feld. Die Energieversorgung ist von zentraler Bedeutung für die Umwelt, für die Frauen sich intensiver als Männer engagieren. Der dringend notwendige bewußte Umgang mit Energie und die dezentralen Anwendungen regenerativer Energien in den Industrieländern sind keineswegs nur ein naturwissenschaftliches und technisches, sondern auch ein wirtschaftliches, organisatorisches und strukturelles Problem sowie ein Gebiet von Bewußtseins- und Verhaltensänderungen. Sie rufen geradezu nach kontextbezogenen und kommunikativen Fähigkeiten. Die Strukturen sind an vielen Stellen noch offen. Ein riesengroßes Potential von zukünftigen Arbeitsplätzen ist noch unentwickelt. Hier ist „nur" das Problem zu lösen, daß, wie in vielen Fällen, Frauen als Pionierinnen verdrängt werden, sobald die Entwicklung wirtschaftliche Dimensionen erreicht[22].

Wenn Frauen, die sich in der Physik nicht wohl fühlen, dieser Problematik systematischer auf den Grund gehen wollen, können sie Themen in den metawissenschaftlichen Bereichen unter feministischen Aspekten bearbeiten. Das heißt natürlich allermeistens, aus der Physik hinauszugehen. Sehr selten scheint es möglich zu sein, metawissenschaftliche Fragestellungen in einem physikalischen Fachbereich (wenigstens als Examensarbeit) zu behandeln. Auf jeden Fall engt eine solche Examensarbeit die Möglichkeiten, als Physikerin einen üblichen Arbeitsplatz zu finden, ganz empfindlich ein. Deshalb besteht dann fast schon die Notwendigkeit, den weiteren beruflichen Werdegang in den Geistes- und Sozialwissenschaften zu sehen; und dies schränkt natürlich wiederum die Wirksamkeit der feministischen Analysen in der Physik selbst erheblich ein.

Trotzdem bleiben langfristig Diskussionen, die außerhalb der Physik über die Physik geführt werden, nicht ohne Wirkung. Vor allem haben sie eine wichtige Funktion für die Mehrheit der Frauen außerhalb der Physik. Spannende metawissenschaftliche Fragestellungen könnten beispielsweise sein:

- Geschichtswissenschaften: das Leben historischer Physikerinnen und ihre Stellung im patriarchalen Wissenschaftsbetrieb;
- Kulturgeschichte: das gesellschaftliche und kulturelle Umfeld in dem wichtige Theorien der Physik entstanden sind[23];
- Psychologie/Philosophie: weitere Forschungen auf dem Gebiet der Psychoanalyse zu Strategien naturwissenschaftlicher Erkenntnisgewinnung;
- Wissenschaftstheorie/Philosophie: Untersuchungen zur feministischen Relevanz wichtiger Grundprinzipien (Reduktionismus, Objektivität, ...) und ihrer Veränderung im Laufe der physikalischen Entwicklung;
- Soziologie: die Zusammensetzung der wissenschaftlichen Gemeinde und die Definitionen der geschlechtlichen Arbeitsteilung in verschiedenen Ländern;

– Erziehungswissenschaften: eine Physikdidaktik für Frauen[24] und vieles mehr.

Ist also die Herstellung von Kontexten um die Physik herum ein entscheidendes feministisches Anliegen, so bleibt die faszinierende Frage, welche Kontexte jeweils die geeigneten sind. Hier sind fast alle Fragen offen und jedwede Phantasie gefragt! Einige Gedanken zum Schluß aus meiner Unterrichtserfahrung[25].

Wenn frau anderen Frauen, die negative Erfahrungen mit dem Schulunterricht in Physik haben, eine Brücke zur Physik bauen will, ist die Herstellung des richtigen Kontextes oft einfach – und klingt paradox. Es reicht dann (oder ist sogar der wichtigste Schlüssel zum Problem) zu erklären, daß und warum die Physik diesen gravierenden Mangel an Zusammenhängen mit ihren Umfeldern hat. Auf diese Tatsache hinzuweisen hat die Funktion, bewußt zu machen, warum die Frauen im Schulunterricht Probleme hatten. Auf die Spitze getrieben, heißt dies, Beziehung herzustellen dadurch, daß die Aufmerksamkeit auf die Beziehungslosigkeit gerichtet wird. Dadurch können die Frauen ihre Erfahrungen einordnen und deuten – dies ist dann der gewünschte Kontext. Es ist ähnlich wie bei psychotherapeutischen Methoden, bei denen die Virulenz unbewußter unverarbeiteter Erlebnisse durch Herstellung von Bewußtheit aufgehoben wird.

Dies ist ein Kontext für erwachsene Frauen, die schon Schulerfahrungen mit der Physik haben. Das Vorgehen ist gar nicht anwendbar auf den Unterricht von Kindern in der Schule, die das erste Mal mit den Fächern in Berührung kommen. (Dies als Hinweis zu der Frage, ob Unterrichtskonzepte übertragbar sind; wahrscheinlich sind sie das sehr wenig.)

Manchmal wird kritisiert, daß die Schulbücher zur Physik ständig einen Erfahrungshintergrund darstellen, der von Männern geprägt ist –, sei es, daß nur Männer abgebildet werden, sei es, daß Kriegsbeispiele gewählt werden. Ob aber der geradlinige Schluß richtig ist, nun sei es an der Zeit, physikalische Anwendungsbeispiele aus dem Erfahrungsbereich von Frauen, und hier ausgerechnet aus dem Haushalt, zu wählen? Ist das der richtige Kontext für Frauen?

Wieder aus meiner Unterrichtserfahrung mit jungen Erwachsenen möchte ich einen Gesichtspunkt anführen, der mich mittlerweile zweifeln läßt. Es ist nämlich äußerst schwierig, einigermaßen einfache Anwendungsbeispiele aus dem täglichen Leben, beispielsweise aus dem Haushalt, zu finden, bei denen es sinnvoll ist und einen wirklichen Erklärungsgewinn darstellt, die physikalische Maschinerie einzusetzen. Entweder sind die Beispiele viel zu kompliziert für den Unterricht oder die Menschen haben einen intuitiven Zugang zu dem Problem, und dann bleibt unklar, warum der physikalische Formalismus notwendig ist.

Die meisten Unterrichtsbeispiele, die aus dem täglichen Leben gewählt werden, sind von letzterer Art. Klassisches Beispiel: wenn mensch etwas auf einem Tablett auf dem Unterarm trägt: wo kommen die schweren Teile hin, wo die leichten? Antwort: die schweren nahe an die Armbeuge, die leichten nach außen. Physikalischer Formalismus: das Hebelgesetz – für schwächere SchülerInnen schon eine echte Hürde. Viel einfacher: Körpergefühl und Ausprobieren. Wenn ich gedankenlos annehme, ein solches Beispiel baue für Frauen eine Brücke zur Physik, weil das Tragen von Tabletts meistens eine Erfahrung von Frauen ist (also Kontexthypothese: Alltagserfahrung), so kann ich ganz falsch liegen. Wer rationell und praktisch denkt, würde nie ein solches Problem mit einem solchen Aufwand, dem physikalischen Formalismus, bearbeiten. Also sollte gerade dieses Beispiel vermieden oder bewußt als künstlich behandelt werden. (Kontexthypothese: Frauen sind gezwungen, mit ihrer Zeit haushälterisch umzugehen, und suchen sich deshalb die minimalen Mittel zur Erreichung ihrer Ziele.)

Ein Plädoyer zum Schluß: es gibt eine Fülle von spannenden Fragen an unzähligen Stellen. Ein Patentrezept für feministische Wissenschaft in der Physik kann ich nicht sehen. Aber vielleicht hat das auch sein Gutes. Wahrscheinlich ist die wichtigste Einbettung der Physik in Kontexte sogar ganz und gar außerwissenschaftlicher Art: Bewußtheit zu entwickeln und zu fördern dafür, in welch hohem Grad wir in den Industrieländern von naturwissenschaftlich-technischen Dienstleistungen mitsamt ihren Gefahren abhängig sind und daß wir alle darauf reagieren müssen. In der Verdrängung der negativen Aspekte ihrer Errungenschaften leisten Männer Beachtliches; darauf angesprochen, reagieren sie typischerweise mit Zynismus. Aber viele feministische Theoretikerinnen, z.b. die „Ökofeministinnen", sehen dieser Problematik auch nicht ins Auge; sie handeln ökologische Grundsatzfragen ab, ohne die technische Zivilisation überhaupt in ihren Wahrnehmungshorizont aufzunehmen – außer als patriarchalen Buhmann. Hier ist für uns Frauen aus Naturwissenschaft und Technik noch viel zu tun.

## 13. Danksagungen

Dieser Aufsatz speist sich aus jahrelangen Diskussionen in Kreisen von Feministinnen in Naturwissenschaft und Technik und aus Fragen und Beiträgen bei vielen Vortragsveranstaltungen. Für alle Anregungen sage ich herzlichen Dank.

Dagmar Heymann gebührt mein besonderer Dank, da sie mit unermüdlicher Geduld und Ermunterung als Geburtshelferin für diesen Aufsatz gewirkt hat.

## Anmerkungen

[1] Als Überblick und Einstieg für das Fach Soziologie: Brigitte Brück u.a.: Feministische Soziologie, Frankfurt a.M. 1992.
[2] Jenny Kien: Gibt es „weibliche" und „männliche" Naturwissenschaft? Mitteilungen der TU Braunschweig, Jahrgang XXIV, Heft I/1989; Jenny Kien: Ist „unkonventionelle" Forschung von Frauen feministische Naturwissenschaft?, in diesem Buch, Seite 27; Margarete Maurer: Feministische Perspektiven in den Biowissenschaften, in: Feministische Perspektiven in der Wissenschaft, Zürich 1993; Dagmar Heymann: Jungfräuliche und Killer, in diesem Buch, Seite 74.
[3] Evelyn Fox Keller: Liebe, Macht und Erkenntnis, München 1986 (Lesevorschlag für dieses Buch: Mit Teil II, Kap. 4 beginnen!).
[4] Carolyn Merchant: Der Tod der Natur, München 1987.

5 Brian Easlea: Witch Hunting, Magic and the New Philosophy, Brighton 1980.
6 Francis Bacon, zit. nach Evelyn Fox Keller, a.a.O., Kap. 2; s. auch Erika Hickel: Tod der Natur, Wechselwirkung 23, 1984; und Erika Hickel, Verhexte Natur, in: Feministische Studien 1/1985.
7 Z.B. Margaret Cavendish (1623-1672), beschrieben bei Elisabeth Strauß: Margaret Cavendish, The blazing world, Magisterarbeit Universität München 1988; oder Anne Conway (1631-1679), siehe Anm. 4.
8 Londa Schiebinger: Schöne Geister – Frauen in den Anfängen der modernen Wissenschaft, Stuttgart 1993.
9 Thomas S. Kuhn: Die Struktur wissenschaftlicher Revolutionen, Frankfurt a.M. 1976.
10 Evelyn Fox Keller, a.a.O., Kap. 4 ff.
11 Rosemarie Rübsamen: Patriarchat – der (un-)heimliche Inhalt der Naturwissenschaft und Technik, in: Luise Pusch (Hg.): Feminismus – Inspektion der Herrenkultur, Frankfurt a.M. 1983,
12 Jens Pukies: Energie – was ist das?, Wechselwirkung 4, 1980.
13 Christel Neusüß: Was ist das eigentlich, Energie? Und: Ist sie sterblich oder unsterblich? (Festvortrag zum 10-jährigen Bestehen des Öko-Institutes Freiburg, 1987), leicht gekürzt nachgedruckt unter dem Titel: „Vom Gottesglauben der Physik, den Frauen und anderen Nebelhüllen", Frankfurter Rundschau, 12.4.1988.
14 Diskussionsveranstaltungen zu dem in 11. angeführten Thema, z.B. bei der 1. Hamburger Frauenwoche 1981.
15 Christel Neusüß, a.a.O.
16 Fritjof Capra: Der kosmische Reigen, Bern 1977; ders.: Wendezeit, Bern 1982.
17 Dies wird sofort deutlich aus der Struktur des Buches „Wendezeit" (s. Anm. 16) wenn frau nur einen Blick in das Inhaltsverzeichnis wirft.
18 Als Beispiel das vielgelesene Buch (bis 1940 fast 900.000 Exemplare): Alfred Rosenberg: Der Mythos des 20. Jahrhunderts, München 1939.
19 Fritjof Capra: a.a.O.
20 Ilya Prigogine: Vom Sein zum Werden, München, 1979.
21 Evelyn Fox Keller: A Feeling for the Organism. The Life and Work of Barbara McClintock, New York 1983.
22 Rosemarie Rübsamen: Alternativenergie wird erwachsen – waren Frauen nur für die Kinderstube gut???, in: Judith Buchen u.a. (Hg.): Das Umweltproblem ist nicht geschlechtsneutral, Bielefeld 1994.
23 Ein exemplarisches Beispiel für eine solche Studie ist Michael Wolff: Geschichte der Impetustheorie, Frankfurt a.M. 1978, in der die grundlegende Identität einer theologischen, ökonomischen und naturkundlichen Theorie der Bewegung untersucht wird, die später zu den Elementen der Bewegungslehre in der neuzeitlichen Physik wurde. (Siehe hierzu auch: Elvira Scheich: Was hält die Welt in Schwung? – Feministische Ergänzungen zur Geschichte der Impetustheorie, Feministische Studien 1/85).
24 Ein Entwurf für den Bereich der Medizinausbildung: Rosemarie Rübsamen: Physik für die Medizin – Ein Lehrbuchprojekt mit feministischer Zielsetzung, in: Im Widerstreit mit der Objektivität, Zürich 1991.

[25] Unterricht an Berufsschulen für medizinisches Personal; die SchülerInnen absolvieren die Ausbildung nach dem Abitur, der Mittleren Reife oder nach anderer Berufstätigkeit; es sind zu etwa 95 % Frauen.

*Petra Seibert*

# Ist die Meteorologie eine feministische Musterwissenschaft?

## Oder: Warum die Meteorologie doch keine Atmosphärenphysik ist

Einleitung

Ein zentraler Punkt der feministischen Kritik an den Naturwissenschaften betrifft die experimentelle Methode, bei der die Natur zerlegt und manipuliert wird, mit dem Ziel ihrer Kontrolle, Beherrschung und Ausbeutung. Carolyn Merchant hat die Ursprünge dieser Methode und der dahinterstehenden Einstellungen in den Schriften von Francis Bacon, dem vielgerühmten „Vater der modernen Naturwissenschaft", exemplarisch aufgezeigt. Einige Zitate (teilweise von Erika Hickel, die maßgeblich zur Rezeption Merchants vor der deutschen Übersetzung ihres Buchs beigetragen hat) mögen diese Kritik verdeutlichen:

„Ein ganz wichtiges Hilfsmittel bei dieser Methode ist das Experiment neuer Art. Das Experiment, so wie wir es im Prinzip auch heute noch verstehen, wurde als gezielte ‚Frage an die Natur' gesehen. Man unterwirft einen bestimmten, kleinen Teil der Natur Bedingungen, die natürlicherweise so nicht vorkommen. Aus den ‚Antworten', die die Natur in dieser Situation gibt, schließt man auf Zusammenhänge (...)."[1]

„Die traditionelle Analogie von Frauen und Natur findet sich auch bei Francis Bacon. Ganz so wie in seinen politischen Büchern über die Hexenprozesse sieht er in seinen naturphilosophischen Büchern die Natur in erster Linie als eine gefährliche, unberechenbare Hexe, der man alles Schlimme zutrauen muß und der man um jeden Preis, wie in der Inquisition, ihre Geheimnisse entreißen muß. Diese Geheimnisse läßt sie sich nur unter der Folter entreißen, und das Experiment sieht er als eine Folter der Natur."[2]

„Ebenso zeigt sich die durch die Technik gereizte und gefangene Natur offenbarer, als wenn sie sich frei überlassen bleibt."[3]

„Es sei ein Irrtum des Magiers, wenn er ‚die Technik bloß als eine gewisse Zugabe zur Natur' ansieht, ‚deren Kraft sich nur soweit erstrecke, daß sie die Natur ... als ein angefangenes Werk zur Vollkommenheit bringen', ‚mitnichten aber gänzlich umkehren, verwandeln und in ihrem Innersten erschüttern könne'."[4]

„Wir werden wieder zu der genauen, überaus geduldigen und zeitraubenden Art von Naturbeobachtung – ohne Zerstörung oder Verletzung der Objekte – zurückkommen müssen, die noch im 18. Jahrhundert verbreitet war und uns fast gänzlich verloren gegangen ist."[5]

Nicht nur zu Bacons Zeiten wurde die Natur als eine feindliche Hexe gesehen: bis 1978 wurden tropische Wirbelstürme ausschließlich mit weiblichen Namen belegt[6].

Klassische Beispiele für jene experimentelle Naturwissenschaft, bei der ein isoliertes Stück Natur im Labor in einen natürlicherweise nicht vorkommenden Zustand gebracht und dessen Reaktion auf diese Bedingungen untersucht wird, finden sich in der Physik, der Chemie und der Molekularbiologie. Andererseits gibt es eine Reihe von Fächern, in denen diese experimentelle Methode nicht oder nur in manchen Teilgebieten anwendbar ist. Das sind vor allem die Geowissenschaften (Meteorologie, Ozeanographie, Hydrologie, Glaziologie, Geologie, Geophysik[7]) und Teile der Biologie (etwa in der Ökologie). Diese Wissenschaften beschäftigen sich mit der Natur in der Form, wie sie natürlicherweise vorkommt; ihre „experimentellen" (nicht-theoretischen) Zweige arbeiten in der Regel nicht im Labor, sondern „im Feld". Wir könnten sie – zur Unterscheidung von den zur Gänze auf „Baconschen" Experimenten beruhenden Wissenschaften – „nicht-manipulative" oder „beobachtende Naturwissenschaften" nennen. Im Folgenden werde ich mich am Beispiel der Meteorologie mit der Frage auseinandersetzen, wie eine solche nichtmanipulative, beobachtende Naturwissenschaft konkret arbeitet und welche positiven und negativen Seiten dabei zum Vorschein kommen. Eine andere Frage in diesem Kontext, die ich hier nur zur Diskussion stellen kann, ist, ob und gegebenenfalls wie Struktur und Methoden eines Fachs auf die darin Tätigen zurückwirken, und ob sie eine Selektionsfunktion bei der Studienfachwahl ausüben. Zur Illustration eine mögliche Hypothese in diesem Zusammenhang: Menschen mit ausgeprägtem Destruktions-, Manipulations- und Hierarchiebedürfnis wählen dementsprechende Fächer, wie Elementarteilchen-Physik oder Molekulargenetik, und umgekehrt.

## Experimentelle Methode

Es gibt in der Meteorologie fast keine Experimente im klassischen Sinn (Laborarbeiten), sondern nur (mehr oder weniger) organisierte und gezielte Beobachtungen/Messungen der natürlichen atmosphärischen Vorgänge[8]. Die Terminologie ist bereits aufschlußreich: unter „Beobachtung" wird nicht nur die „Augenbeobachtung" (z.B. von Wolkenart und Bedeckungsgrad) verstanden, sondern auch die „Instrumentenbeobachtung" (also die Messung der Lufttemperatur mit einem Thermometer etc.); vielfach wird aber auch der Ausdruck „Messung" verwendet. Für größere, organisierte empirische Untersuchungen existieren die Ausdrücke „Meßkampagne" und „(Feld-)Experiment"; hier erhält das Wort „Experiment" eine andere Bedeutung. Daß es überhaupt verwendet wird, ist wohl auf die Dominanz der „klassischen" Naturwissenschaften und ihres methodischen Konzepts zurückzuführen – auch die MeteorologInnen wollen ihre „Experimente" vorweisen können.

Auch in der Meteorologie gab und gibt es Bemühungen, Experimente im klassischen Sinn durchzuführen. Zu nennen sind hier vor allem Windkanaluntersuchungen (z.B. Umströmung von Gebäuden) oder Experimente zur globalen Dynamik mit wassergefüllten, rotierenden Schüsseln. Die Bedeutung solcher Experimente für die Meteorologie ist relativ gering geblieben, weil das natürliche System einfach zu komplex für eine Nachbildung im Labor ist.

## Zerlegbarkeit

In der feministischen und auch der ökologischen Kritik an den Naturwissenschaften wird nicht selten das Zerlegen (und u.U. anschließende Wieder-Zusammensetzen) als analytische Methode und als Reduktionismus (das Ganze wird auf die Summe seiner Teile reduziert) abgelehnt. Demgegenüber wird „holistisches" oder „integratives" Vorgehen gefordert. Dem kann ich mich nicht anschließen, jedenfalls nicht in einer apodiktischen Version. Die allermeisten natürlichen Vorgänge sind so komplex, daß sie anders als in ihren Teilaspekten überhaupt nicht untersucht werden können. Ich meine, daß mit dieser Vorgangsweise ein gefährlicher und abzulehnender Reduktionsmus einhergehen kann, aber nicht muß (je nachdem, was an Wechselwirkungen und Funktionszusammenhängen verlorengeht). Die experimentelle Methode und die mit ihr verbundene Manipulation der Natur sind mir die wichtigeren Angriffspunkte. Die folgenden Ausführungen sollen das für die Meteorologie verdeutlichen.

Das Beobachtungssystem kann auf bestimmte Vorgänge und „Scales"[9] (z.B. vertikale Transporte innerhalb eines Waldbestands, Land-Seewind-Zirkulation, Fronten, Bewegung der großräumigen Hoch- und Tiefdruckgebiete) ausgerichtet sein (und ist es in der Praxis auch), aber in der Natur wirken immer Prozesse aller Scales, und zwar oft in nicht vernachlässigbarer Weise. In der Meteorologie sind wir also immer mit der vollen Komplexität der Natur konfrontiert. Um damit umgehen zu können, wird zu Hilfsmitteln gegriffen, wie geeignete Auswahl von Untersuchungszeiträumen (in denen z.B. Phänomene eines nicht interessierenden Scales nur schwach ausgeprägt sind) und Verwendung geeigneter Instrumente und Datenaufbereitungsverfahren (um z.B. die Turbulenz wegzufiltern). Diese Hilfsmittel können durchaus als eine Form von „Zerlegung" gesehen werden.

In der theoretischen Meteorologie (Anwendung der Hydrodynamik, Thermodynamik und Elektrodynamik auf die Atmosphäre) sind die sogenannte „Scale-Analyse" (Untersuchung der relativen Beiträge der verschiedenen Terme in den jeweiligen Scales bei einem bestimmten Problem) und die sich daraus ergebende konsistente Approximation der vollständigen Gleichungen die Voraussetzung für sinnvolle Arbeit. Auch hier wird also eine Zerlegung vorgenommen.

Die Meteorologie (sowohl die „experimentelle" als auch die theoretische) verwendet also ebenfalls die Methode der Zerlegung (in Scales, verschiedene Antriebskräfte etc.), es gibt aber dennoch Unterschiede zur Zerlegung, wie sie in der Physik, Molekularbiologie etc. geübt wird:

1. Es ist ein (unterschiedlich ausgeprägtes) ständiges Bewußtsein vorhanden, daß reduziert/vereinfacht/zerlegt wird, daß stark vereinfachte Modelle nur gedankliche Hilfen sind, daß das natürliche System nur in Teilaspekten beschrieben werden kann, und daß durch die nichtlinearen Wechselwirkungen alle Scales miteinander verknüpft sind.
2. Die Überprüfung der Erkenntnisse muß letztlich doch im natürlichen System erfolgen, also in nicht manipulierten Abläufen. (Zum Beispiel können wolkenphysikalische Untersuchungen über Entstehung und Wachstum von Tröpfchen und Kristallen zwar teilweise im Labor erfolgen, ihre Brauchbarkeit erweist sich aber dann daran, ob sie die Beobachtungen in einer natürlichen Wolke erklären können.)
3. Das natürliche System wird nicht physisch zerlegt, es werden nur Daten und Gleichungen gefiltert. Es kann daher auch kein direkter Schaden in der physischen Umwelt angerichtet werden. Die Filterung von Daten hinterläßt wohl auch weniger Auswirkungen in der Psyche der/des Arbei-

tenden als etwa die Sektion eines Versuchstiers. Bedürfnisse nach Destruktion und Machtausübung können dabei nicht ausgelebt werden.

## Manipulierbarkeit

Versuche einer gezielten Manipulation des natürlichen Systems in Form der beabsichtigten Wetterbeeinflussung (Impfung von Wolken z.b. mit Silberjodidkristallen, um sie zum (früheren) Ausregnen zu bringen) waren zum Glück wenig erfolgreich. Das Interesse daran entspricht dem traditionellen naturwissenschaftlichen Denken. Bemerkenswert erscheint mir, daß noch immer Experimente dieser Art laufen, eher auf Druck von Regierungsstellen oder der Landwirtschaft als aus wissenschaftlichem Interesse. Obschon es sich dabei um klare Manipulationen der Natur mit potentiell erheblichen Auswirkungen (wenn es gut funktionieren würde) handelt, so ist das doch eine – zumindest philosophisch gesehen – geringfügige Modifikation: die Natur wird auf ihrem Weg nur etwas beschleunigt oder abgelenkt[10], nicht aber „gänzlich umgekehrt, verwandelt oder in ihrem Innersten erschüttert" (siehe Zitat am Anfang[11]). Bemerkenswert erscheint mir auch, daß die Diskussion über „ethics" in diesem Zusammenhang auf die Frage beschränkt blieb, ob diese Experimente irgendwelche nachteiligen Auswirkungen haben können, während die Naturmanipulation als solche nicht in Frage gestellt wurde.

## Kreisläufe und Bilanzen

Die ökologische und feministische Kritik am „linearen Denken" (statt dem Denken in Systemzusammenhängen), dem Nicht-Wahrnehmen(-Wollen) der Grenzen des Wachstums ist bekannt. Sie trifft vor allem die traditionellen Techniker und Physiker (vielleicht auch einige -innen), während unter MeteorologInnen im Vergleich dazu eine auffällige Offenheit für ökologische Zusammenhänge zu beobachten ist, viele Grün- und Anti-Atom-Engagierte zu finden sind. Den Grund dafür vermute ich in unserer Vertrautheit mit Kreisläufen und Bilanzen, die eine Grundlage unserer Disziplin sind. Dazu gehören auch die „erneuerbaren Energien" („natürliche Energieflüsse" wäre eine bessere Bezeichnung) meteorologischen Energieflüsse, Sonnenenergie in allen Formen, und zum Teil geophysikalische Energien (Erdwärme, Gezeiten).

In der Meteorologie wie auch in den anderen Naturwissenschaften wird zwischen offenen und geschlossenen Kreisläufen bzw. Systemen unterschieden. Im offenen System gehen die Stoffflüsse über die Systemgrenzen; ihre Bilanz ist die Summe aus Zufuhr und Ausfuhr plus der Differenz aus Stoffproduktion und Stoffabbau im System. Im geschlossenen System dagegen spielt sich der gesamte Stofffluß zwischen den verschiedenen „Kompartimenten" (Bereichen des Systems) ab.

Die Erde ist für alle Stoffkreisläufe praktisch ein geschlossenes System (solange wir unseren Müll hier behalten), nicht jedoch für Energie: die Erde steht in ständigem Austausch mit der Sonne und dem Weltraum. Hier ist sie ein offenes System. Im geschlossenen System Erde akkumulieren sich jene Substanzen, deren Produktionsrate größer ist als ihre Abbaurate (z.B. Kohlendioxid, Plutonium, usw.). Umgekehrt wird z.B. für Bodenschätze, deren Produktion nur in geologischen Zeitskalen stattfindet, der Systeminhalt durch den anthropogenen Abbau verringert. Ein Beispiel für die Energiebilanz im offenen System Erde ist der anthropogene Treibhauseffekt: Im Gleichgewichtszustand ist die Zufuhr von Energie zur Erde in Form kurzwelliger Sonnenstrahlung gleich dem Export durch reflektierte kurzwellige Strahlung einerseits und durch die Wärmestrahlung der Erde in den Weltraum andererseits. Die Vermehrung der Treibhausgase läßt die Zufuhr in erster Näherung (insbesondere unter Vernachlässigung von Rückkoppelungen) unverändert, während die Wärmeabstrahlung in den Weltraum verringert wird. Das Ergebnis: Der Wärmeinhalt des Systems Erde steigt (wie sich diese Wärme auf die Kompartimente Stratosphäre, Troposphäre, Ozean, etc. verteilt, ist wieder ein anderes Problem).

## Die Atmosphäre – ein chaotisches System

Die Chaostheorie ist seit einigen Jahren in der Öffentlichkeit populär geworden als Ausdruck eines Umbruchs in den Naturwissenschaften, weg vom absoluten Determinismus und dem Laplace'schen Dämon[12]. In der Meteorologie werden diese Dinge schon seit Jahrzehnten diskutiert, das chaotische Verhalten der Atmosphäre ist ja das Grundproblem in der Wettervorhersage.

Die Atmosphäre ist das wohl wichtigste Beispiel für ein „deterministisches Chaos", ein System, das im Prinzip durch Differentialgleichungen mit eindeutiger Lösung bei gegebenen Anfangs- und Randbedingungen determiniert, und trotzdem nur für begrenzte Zeit vorhersagbar ist, da (beliebig) kleine Änderungen in den Anfangsbedingungen (nach genügend langer Zeit) beliebig große Änderungen in der Lösung bewirken können. So gab es bereits in den 40er Jahren eine Diskussion, ob ein so komplexes System wie die Atmosphäre (ähnlich wie Lebewesen) je deterministisch behandelt werden könne.

Die Erkenntnis, daß sich die Atmosphäre aufgrund ihres chaotischen Verhaltens einer totalen Kontrolle immer entziehen wird, und daß die Wettervorhersage nie perfekt werden wird, sondern wir immer wieder von der Natur überrascht werden, führt uns die Grenzen der Wissenschaft vor Augen. Ein Verhältnis zur Natur, in dem Staunen und Ehrfurcht noch Platz haben und nicht einer „Wir-haben-alles-im-Griff"-Einstellung gewichen ist, läßt sich mit der Meteorologie viel besser vereinbaren als mit den „harten" Naturwissenschaften[10]. Dazu trägt auch die Schönheit und Großartigkeit vieler atmosphärischer Erscheinungen bei. „We are dealing with a beautiful subject, and we should enjoy it", formulierte ein Kollege.

# Die Rolle der Modelle in der Meteorologie

Modelle spielen in der Meteorologie eine ganz wesentliche Rolle. Ihre Bandbreite reicht von extrem vereinfachten (Beispiele: 0-dimensionales Klimamodell, Rossby-Wellen) zu extrem komplexen Modellen (Beispiele: Grenzschicht-, Wettervorhersage- und Globalzirkulations-Klimamodelle). Einfache Modelle haben den Vorteil, daß ihr Verhalten leicht durchschaubar ist. Sie werden auch nicht so leicht falsch angewendet, da ihre Grenzen offensichtlich sind; aufgrund der starken Vereinfachung des natürlichen Systems, die darin vorgenommen wird, sind sie aber für viele Fragestellungen nicht adäquat. Komplexe Modelle sind der Versuch einer möglichst vollständigen Abbildung des natürlichen Systems; sie benötigen viele Annahmen (Parametrisierungen). Deswegen sind sie meist nur wenig besser durchschaubar als das natürliche System selbst. Es gibt in ihnen mehr Fehlermöglichkeiten (bis hin zu Programmierfehlern). Es ist auch ein Problem, adäquate Daten für den Input und vor allem für das Testen des Modells zu bekommen. Die Gefahr, daß Wechselwirkungen übersehen werden, ist relativ groß, da das Modell leicht für perfekt gehalten wird (besonders von Laien, die mit großen Computern beeindruckbar sind).

Das Experimentieren mit dem Modell tritt praktisch an die Stelle des Experimentierens mit der Natur, das heißt, an die Stelle von Eingriffen in die Natur. Dieser Ersatzcharakter ist wohl einer der Gründe, warum Modelle so beliebt sind, kann doch so jedes Manipulationsbedürfnis ohne Probleme ausgelebt werden. Wie ist das Modellexperiment im Vergleich zum Experimentieren mit der Natur zu beurteilen? Als Vorteil erscheint vor allem, daß nicht gleich etwas in der Natur zerstört werden kann, daß das natürliche System selbst eben doch nicht beherrscht und manipuliert wird. Modellexperimente sind also mit einer Einstellung des Respekts vor der Natur vereinbar.

Die Gefahren des exzessiven Modellierens kennen wir (kritische MeteorologInnen) leider aus der Erfahrung: Die Unterschiede zwischen dem natürlichen System und dem Modell schwinden aus dem Bewußtsein, empirisches Arbeiten wird tendenziell für unnötig gehalten und dementsprechend gibt es auch wenig Anerkennung dafür (noch dazu, wo man mit einem Modell mehr „Papers" pro Zeiteinheit produzieren kann als mit Feldarbeiten). Die unkritische Verwendung von Modellergebnissen als „Beweise" in Behördenverfahren (bei den AKW- und WAA-Genehmigungsverfahren zum Beispiel) ist eine Folge davon.

## Schlußbemerkung

Ich habe in diesem Aufsatz versucht zu zeigen, warum ich mich in der Meteorologie wohlfühle, und wie die Meteorologie in einem Aspekt – Stichwort vor allem Manipulation – zu einem „Pluspunkt" im Sinne der feministischen Naturwissenschaftskritik kommt. Um Mißverständnissen vorzubeugen: Dieser Pluspunkt ist natürlich nicht das Verdienst der MeteorologInnen, sondern ergibt sich aus den natürlichen Sachzwängen. Manche Kollegen (Kolleginnen auch?) empfinden diesen Zustand leider nicht als erfreulich, sondern möchten aus einer Art Minderwertigkeitsgefühl heraus die Meteorologie gern zur „Atmosphärenphysik" machen[14], nicht nur verbal. Ich will dagegen umgekehrt zur weiteren Diskussion und Anwendung nicht-manipulativer Naturwissenschaft einladen, auch in den anderen Fächern.

*Bei dem vorliegenden Text handelt es sich über eine überarbeitete Version, erschienen in: Koryphäe 12, Oktober 1992, 43-46.*

## Anmerkungen

[1] Erika Hickel: Wechselwirkung 23, 1984, 34-37.
[2] Ebd.
[3] Carolyn Merchant: Der Tod der Natur, München 1987.
[4] Ebd.

5 Erika Hickel, a.a.O.
6 Bull. Amer. Meteorol. Soc., Vol. 60, 1979, 695.
7 Allerdings: die Montangeophysik ist Beihilfe zur Ausbeutung von Bodenschätzen, und in der Geophysik werden auch „verletzende" aktive Fernerkundungsverfahren wie die Sprengseismik eingesetzt. Ähnliche „aber" lassen sich – in unterschiedlichem Ausmaß – auch für die anderen genannten Wissenschaftszweige finden
8 Die Tatsache, daß diese Vorgänge heute vielfach anthropogen beeinflußt sind, hat in diesem Zusammenhang keine Bedeutung, da diese Einflüsse nicht Ausdruck gezielter Experimente, sondern lang ignorierte Nebeneffekte der technischen Zivilisation sind.
9 Unter „Scale" versteht man in der Meteorologie die typische räumliche und zeitliche Ausdehnung eines Phänomens. Sie umfaßt ein großes Spektrum, von der Sekunde bis zum Jahr oder gar Jahrtausenden, vom Zentimeterbereich bis zu globalen Dimensionen.
10 Siehe dazu auch die Fähigkeiten der mit dem „Wetter-Laran" begabten Menschen auf Darkover in Marion Zimmer Bradleys phantastischem Roman „Herr der Stürme".
11 Im Gegensatz dazu steht die moderne Elementarteilchenphysik: sie wendet immer höhere Energien (polemisch gesprochen: immer rohere Gewalt) auf, um Teilchen in einen natürlicherweise nicht (oder nur in Ausnahmefällen wie kosmischen Elementarereignissen) vorkommenden, aber der physikalischen Beobachtung zugänglichen Zustand zu zwingen.
12 „Eine Intelligenz, der in einem gegebenen Zeitpunkt alle in der Natur wirkenden Kräfte bekannt wären und ebenso die entsprechenden Lagen aller Dinge, aus denen die Welt besteht, könnte, wenn sie umfassend genug wäre, alle diese Daten der Analyse unterwerfen, in einer und derselben Formel die Bewegungen der größten Körper des Weltalls und der leichtesten Atome zusammenfassen; nichts wäre für sie ungewiß, und die Zukunft wie die Vergangenheit wäre ihren Augen gegenwärtig." Laplace, zitiert nach A. Schmauß, Meteorol. Z., 1932, S. 356.
13 Dazu ein Zitat des Präsidenten der American Meteorological Society, Robert Ryan (der erste Schwarze in dieser Position; seine Amtsvorgängerin Joanne Simpson war die erste Frau), aus seiner Antrittsrede am 18.1. 1993: „Those of us in the operational field know that trying to forcast weather keeps one humble." (Die „Wetterfrösche" unter uns wissen, daß der Versuch, das Wetter vorherzusagen, den Menschen bescheiden macht.) Bull. Am. Meteor. Soc., 74, 4, S. 565.
14 Ich erinnere mich z.B. an den Begrüßungsvortrag von R. Sutcliffe bei einer Tagung der „International Association of Meteorology and Atmospheric Physics", in dem er die Geschichte dieses Dachbverbandes Revue passieren ließ. Wie Sutcliffe erzählte, hieß diese Vereinigung anfangs nur „International Association of Meteorology", und es wurde dann „Atmospheric Physics" angehängt, weil einigen Funktionären „Meterology" wissenschaftlich zu wenig respektabel klang.

*Eva Sassen*

# Von der Bewegung zur Wissenschaft zur Bewegung ...
## Gelten die Postulate zur Frauenforschung auch in der biologischen Forschung?

Prolog

> *Wir leben als Individuen in einer Gesellschaft.*
> *Einzelne Individuen haben Probleme.*
> *Welche/wer beschreibt die Probleme?*
> *Und welche/wer erarbeitet Lösungsvorschläge?*
> *Diejenigen, die die Probleme haben?*

NaturwissenschaftlerInnen haben gelernt, eine klare Trennung zwischen ihrem Innenleben und ihrer Wissenschaft, ihrer Aufgabe zu ziehen. Sie sollten nicht selbst betroffen sein, als WissenschaftlerInnen nicht Forschungssubjekt und Forschungsobjekt in einem Leib sein. Sind sie es zufällig doch, so sollen sie sich emotional von ihrem Gefühl, ihren Emotionen trennen und distanziert von sich selbst arbeiten. Losgelöst vom eigenen Ich herrschen sie über andere. Wer allzuviel Betroffenheit und Gefühl zeigt, wird ausgegrenzt.

Die Gedanken und Lösungsvorschläge, die bei derart gespaltenen Individuen entstehen, kennen wir. Sie kennzeichnen unsere hiesige patriarchale Gesellschaft.

Auf welche Gedanken kommen Feministinnen, die Herrschaft über andere ablehnen, wenn sie eine naturwissenschaftlich/technische Prägung haben und versuchen, die negativen Seiten dieser Prägung abzuschütteln?

Ich habe mich in dieser Frage mit den Postulaten für eine engagierte Frauenforschung in den Sozialwissenschaften beschäftigt. Maria Mies stellte sie 1978 vor. Sind diese Postulate in die Biologie zu übertragen?

Positionsbestimmung

Ich bin auf dem Weg, weg von der 350-jährigen Naturwissenschaft à la Bacon. Ich will nicht mehr, daß Natur und ich – auch nicht ich als Teil der Natur – gefoltert werden, um uns Geheimnisse zu entreißen. Ich bin gegen diese Art von Experiment. Feministinnen, wir werden andere Fragen in den Naturwissenschaften stellen und nach anderen Methoden suchen. Ich brauche auch keine Negativabgrenzung, die jemand von mir macht. Ich kann genug ausdrücken, indem ich positiv Bezug nehme auf ....

Ich bringe mit: eine bürgerliche deutsche Mädchenerziehung zur Naturwissenschaftlerin, frühe sexuelle Mißbrauchserfahrungen, eine Politisierung durch den ersten Jahrgang im Oberstufenkolleg Bielefeld einerseits wie durch meine Aktivitäten als Balett-Tänzerin und Marktfrau andererseits, das Aktionistinnendasein gegen Atomspaltung, gegen Autonomieabbau in Schule und Uni, für Wohnraum, für das Ausleben meiner Wünsche – dabei entstand meine Tochter –, eine feministische Analyse meiner Vergangenheit und Umgebung, ansatzweise auch meines Biologiestudiums, welches ich auch mitbringe, sechs Jahre Erwerbslosigkeit bei voller Beschäftigung. Die lesbische Lebensform wurde die Konsequenz der Übereinstimmung von Denken, Fühlen und Handeln, eine Befreiung aus gesetzten, aber nicht benannten Normen (Gentlemen agreement).

Mein Tun heute: sehen, denken, nachfühlen, wissen, einmischen, taktieren, auf wunde Punkte zeigen, nachforschen, handeln, singen, wandern, ur-teilen, Maß nehmen, zielen, lieben, sein lassen ... kurz: selbstverantwortlich. Zur Zeit bereite ich Erwachsene auf eine Biologieprüfung vor und versuche die

„Koryphäe", Zeitschrift für feministische Naturwissenschaft, neu aufzubauen. Eines meiner Hobbys ist die Weinherstellung und Beobachtung von Hefezellen.

Ich will mit meiner Arbeit Wege finden, Wissenschaft wieder in's Leben zurückzunehmen.

## Postulate für eine engagierte Frauenforschung

Die „Methodologischen Postulate einer engagierten Frauenforschung"[1] wurden von Maria Mies erstmals vor 17 Jahren auf dem 1. Kongreß feministischer Sozialwissenschaftlerinnen vorgetragen. Ich hoffe, daß bei dem Titel keine in den Glauben kommt, sie brauche nur die Postulate befolgen, und schon sei ihre Arbeit feministisch. Feminismus ist erst begriffen, wenn er auch gelebt wird.

Vorab, es geht um Beziehungen, um das Verhältnis von:

Sozialer Bewegung – Wissenschaft
Ökobewegung – Ökologie[2]
Frauenbewegung – Feminismus.

Auch Maria Mies geht es nicht um die Einführung einer neuen Methode, sondern um die Revolutionierung dieser Verhältnisse. Denn, wenn Feminismus und Frauenbewegung zusammengehen, wenn das Studium und die Aufhebung der Frauenausbeutung und Frauenunterdrückung zusammengehen, dann gehen auch Praxis und Theorie zusammen.

Genau das war unsere Forderung bei der Einrichtung einer Frauenprofessur für feministische Naturwissenschaft vor ca. sechs Jahren in Bremen[3]. Unsere Anforderungen waren, daß diese Fachfrau aus Frauenleben-Zusammenhängen kommen, in und außerhalb der Uni forschen und politisch aktiv sein soll. „Unmöglich", sagten die einen, „sonst ist was faul", sagten wir.

Doch halt! Ich springe mit Euch in's erste Postulat:

*I. Bewußte Parteilichkeit statt vorgegaukelter Wertfreiheit*

Voraussetzung zum wissenschaftlichen Handeln: Die Seinsbeschreibung, soziologisch, psychologisch, kulturell, energetisch, weil wir das reproduzieren, was wir selbst sind oder gerne wären.

Wenn es um die Erklärung oder Veränderung von Naturprozessen, Molekülstrukturen, Vererbungstheorien etc. geht, spielt die erklärende, verändernde Person die Hauptrolle: Was sucht sie? Womit vergleicht sie? Deshalb ist es notwendig, genau zu beschreiben, warum wir was forschen und wer wir sind.

„Bewußte Parteilichkeit ... durch teilweise Identifikation mit dem Forschungsobjekt"[4] könnte durch den Schlenker erreicht werden: Frau und Natur sind in der heutigen Naturwissenschaft immer noch gleich definiert über ihre Ausbeutbarkeit und Unterdrückung. Gehen wir gegen unsere eigene Ausbeutung und Unterdrückung an, fangen wir an, uns selbst als eigene Persönlichkeit zu begreifen, dann hat auch unser Forschungs„objekt" noch Hoffnungen, gleichberechtigt aufzuleben. Wenn ich selbst mich nicht mehr unterdrücken und ausbeuten lasse(n will), kann ich auch nicht zulassen, daß die Natur unterdrückt und ausgebeutet wird. Schließlich bin ich selbst ein Teil der Natur.

Als Folge davon müssen die Methoden und Erklärungsperspektiven in den Naturwissenschaften kolossal verändert werden. Die Teil-Identifikation geht dann über den gemeinsamen Objekt-Status im Patriarchat hinaus. Ich verlasse den Schlenker des von Männern definierten Frau-Natur-Zusammenhangs, ich verlasse auch die hierarchische Festschreibung in *ein* System. Stattdessen betrachte ich als Forscherin das Verhältnis zwischen meinem Forschungs„Gegenstand" und mir. Ich suche nach Gemeinsamkeiten *und* Unterschieden.

*Ein Beispiel:* gemeinsam mit „meiner" Hefezelle nehme ich kosmische Strahlungen auf. Nimmt sie die Veränderungen am Himmel schneller wahr, reagiert sie schneller, sichtbarer? Was macht sie, wenn ich will/nicht will, daß sie wächst? Himmel, es gibt eine Kommunikation zwischen uns. Himmel? Also es wird klar, daß alle und alles miteinander verbunden sind und ich mich nicht rausnehmen kann. Mein Handeln, ja selbst meine Gedanken haben Auswirkungen auf Pflanzen, Tiere und welche weiß worauf noch?

Fällt dir bei dem Beispiel deine (un)heimliche Identifikation mit „deinem Forschungsgegenstand" schwer? Es geht um Beziehungen. Ich beginne bei der Frage: welche Art von Beziehung lebst du mit anderen Menschen?

*Achtung Frauen:* Teil-Identifikation heißt nicht Selbstaufgabe! Sondern: Gleiches, Ergänzendes und Differenzen angukken, sich gleichwertig gegenüber stehen, jede in ihre Kreise eingebunden, aufeinander Bezug nehmend. Praktisch bedeutet dies, daß zur Forschung ein Selbst-Erfahrungsaustausch gehört.

*II. Statt dem Oben-Unten-Verhältnis,*
*Forscherin-Erforschte, die Sicht von unten*

Engagierte Forscherinnen können kein Interesse an der Sicht von oben haben, weil sie sonst ihrer eigenen Unterdrückung als Frau, dem ältesten Oben-Unten-Verhältnis und dem Paradigma aller späterer Oben-Unten-Verhältnisse zustimmen müßten (Maria Mies).

*Achtung Falle:* Sicht von unten heißt nicht, daß sich Frauen innerhalb der Forschung zum Objekt machen sollen. Auseinandersetzung zwischen selbstbewußten Subjekten ist das Ziel.

Fange ich an, mit meinen Hefezellen oder Genstrukturen etc. zu reden, fällt mir bald auf, welche Einstellung ich zu ihnen habe. Oben – unten? Eine Mutter zu ihren Kindern? ...

Es ist an der Zeit, daß ich mich entleere, meine festgehaltenen Strukturen loslasse, alles zulasse und die Hefe auf mich wirken lasse. Barbara McClintock[5] hat das als ‚feeling for the organism' bezeichnet. Es scheint, als gebe es ein Knäuel von Informationen im Raum. Verstehen kann ich nur die Stränge oder Fäden, welche in mir einen Anknüpfungspunkt haben. Deshalb ist ein breiter Erfahrungsschatz in den unterschiedlichsten Weisheiten enorm wichtig, womit wir im 3. Postulat gelandet sind.

*III. Die isolierte, uninvolvierte ZuschauerInnenforschung wird ersetzt durch die aktive Teilnahme an emanzipatorischen Aktionen und die Integration von Forschung in diese Aktionen. Das bei den Aktionen entstandene Potential wird jedoch nicht im Elfenbeinturm der Universität erworben, sondern in der Teilnahme an Praxisprozessen und der Reflexion dieser Prozesse (verkürzt nach Maria Mies[6])*

Stellen wir uns vor, das personelle hierarchische Gebäude von WissenschaftlerInnen, mit all den leeren Hülsen von Graden würde nicht mehr gelten. Die Doktorwürde würde nicht mehr als würdig befunden, dem durch Männerseilschaften hochgezerrten Professor würde kein Platz mehr eingeräumt. Sie alle sind nämlich, bis auf ganz wenige Ausnahmen, ZuschauerInnenforscherInnen, die an ihre eigenen Vorteile denken. Und auch außerhalb der Forschung nehmen die NichtforscherInnen immer mehr den Platz der ZuschauerIn ein, sei es in bezug auf die Hilferufe aus Jugoslawien oder die alltägliche Gewalt. Wären die ForscherInnen und alle anderen eingebunden in Bevölkerungsgruppen, in Diskussionen, in Liebe, in Spiritualität, in Leben, so wäre das Ziel, das Leben für sich und alles und alle drumherum angenehm werden zu lassen, ein gemeinsames, oder? In dieser Philosophie hätte Ausbeutung, weder von Naturresourcen, noch von Frauen, noch von „anderen" Bevölkerungsgruppen, noch von sich selbst Platz.

Wissen wäre eingebunden in Gruppen, in Spiritualität, das heißt im Zusammenhang Kosmos – Erde – Lebewesen. Forschung würde sich nicht durch losgelöste Gedanken entwickeln, sondern durch die direkten Auswirkungen von Aktionen. Zum Beispiel hätte die Beobachtung, daß sich Viren in Zellkulturen – außerhalb des Körpers gehalten – nach Stunden wieder eingespritzt, in wirtsunabhängige Viren mit neuem Krankheitsbild, verändern können, dazu geführt, die Virenforschung auf diese Weise sofort abzubrechen! Hier gibt es viele weitere Beispiele.

NaturwissenschaftlerInnen sind in der Regel nicht in der Lage, den persönlichen Anteil ihrer Arbeit zu sehen und dafür gerade zu stehen. In diesem Sinne erziehen sie auch ihre SchülerInnen. Sie sind in ihrem System/Turm so gefangen, daß sie den Wald vor lauter Bäumen nicht mehr sehen.

*IV. Um ein Ding kennen zu lernen, muß man es verändern.*

Ich sage: auch ich kann mich ändern. Welche sich bewegt, spürt die Fesseln, in denen sie lebt, oder die Forschenden müssen selbst betroffen sein, um die Vielfältigkeit der Zusammenhänge begreifen zu können. Betroffenheit beschreibt Maria Mies in vier Entwicklungsfeldern[7].

1. Selbst getroffen von Gewalt, Aggression, Ungerechtigkeit, Diskriminierung, etc.;
2. Stutzen, Erschrecken, Anhalten, Empörung über diesen Zustand, erste innere Ablösung vom Opferstatus (emotional);
3. Bewußt werden, Suche nach Erklärungen, Analyse der Ursachen dieses Zustandes und Suche nach Lösungen, Subjektwerdung;
4. Weil Betroffenheit nur um den Preis der Selbstaufgabe bei der bloßen Bewußtwerdung stehen bleiben kann, drängt die dialektische Bewegung in den Betroffenen zur Handlung, oder die Betroffenen resignieren.

Die Verelendung dieser Erde auf allen Ebenen wäre nach dieser Art von Betroffenheit sicher wirkliches Forschungsthema statt Deckmantel für weitere Ausbeutung.

Mit dieser Sicht der Forschung kann ich keiner Hefezelle neue Erbinformationen einsetzen, damit sie möglicherweise einen Stoff ausscheidet, oder eben auch nicht, der von Menschen gebraucht wird, oder eben „aus Versehen" neue Probleme schafft.

*V. Integration von Forschung in emanzipatorische Praxis*

Aus dem Vorangegangenen ergibt sich, daß die Wahl des Forschungsthemas nicht mehr nach Beliebigkeit der einzelnen ForscherIn, ihrer Vorgesetzten oder der ForschungsministerIn und ihren subjektiven Karriereinteressen überlassen werden kann. Ich nehme an, daß Maria Mies wegen dieses Postulats unter den Wissenschaftlerinnen (gelinde gesagt) so unbeliebt ist. Das Forschungsthema ist abhängig von den allgemeinen Zielen und Erfordernissen der sozialen Bewegung zur Befreiung aus Ausbeutungs- und Unterdrückungsverhältnissen (siehe Postulat I). Wenn wir das letzte Postulat anwenden, könnte es passieren, daß viele WissenschaftlerInnen ein so verändertes Berufsfeld verlassen, weil sie ursprünglich Ansehen und Macht haben wollten.

Integration von Forschung in emanzipatorische Praxis bedeutet für mich die Aufhebung der momentanen Zerrissenheit zwischen Leben und Wissen, Handeln und Denken, Kämpfen und Forschen, privat und politisch. Für einen emanzipatorischen Forschungsprozeß sind alle Arten von Wissen und Kenntnissen wieder notwendig. Wissen, Witz, Lust und Selbstverantwortung haben weder die Wissenschaftsväter noch die Kirchenväter in ihren brutalen Vernichtungskriegen gegen Frauen und alles Lebendige vollständig ausrotten können. Welche ein wenig Freisein und Lebendigsein erlebt hat, kann unmöglich die prüde, strenge, ewig abgrenzende Wissenschaft, oder ewig abgrenzende Christenheit, oder ihre Überbleibsel attraktiv finden[8]. Forschen wir wieder mit Witz, Lust und Selbstverantwortung, paßt unsere Forschung auch zur Emanzipationsbewegung.

*VI. Der Forschungsprozeß wird zum Bewußtwerdungsprozeß*

Der Forschungsprozeß wird zum Bewußtwerdungsprozeß von Forschungssubjekt und Forschungsobjekt und kann nicht isoliert von Gesellschaft gedacht werden. Wenn die Individuen, die die Frage aus dem eigenen Problem definiert haben, auch die Beantwortung suchen/entwickeln, ist dies immer auch Bewußtwerdung. Ob meine Hefezellen einen Bewußtwerdungsprozeß erleben können, kann ich nicht sagen, weil die Vorstufe, die Kommunikation, seit der Einführung der Naturausbeutung und Vernichtung naturnahen Wissens unterbrochen ist. Ich kann mir allerdings vorstellen, daß sie in einer angenehmen Umgebung auch eine angenehme Ausstrahlung haben. Schließlich schmeckt der von mir in meinem Zimmer hergestellte Wein aus meinen guten Zeiten immer noch am besten.

*Bei dem vorliegenden Text handelt es sich über eine überarbeitete Version, erschienen in: Koryphäe 12, Oktober 1992, 30-33.*

## Anmerkungen

[1] Maria Mies: Die Methodologischen Postulate zur Frauenforschung, Beiträge zur feministischen Theorie und Praxis, Band 11, 1984.
[2] Ich benenne hier die Ökologie und Ökobewegung, weil sie theoretisch und nur zum Teil real in der Frauenlesbenbewegung und dem Feminismus enthalten sind.
[3] Die Postulate habe ich nicht immer im Wortlaut übernommen.
[4] Evelyn Fox Keller: A feeling for the organism, New York 1984.
[5] Siehe dazu: Maria Mies: Die Debatte um die „methodologischen Postulate zur Frauenforschung", in: Methoden in der Frauenforschung, Zentraleinrichtung zur Förderung von Frauenstudien und Frauenforschung an der Universität Berlin (Hg.), Frankfurt/Main 1984, S. 165-197.
[6] Maria Mies, a.a.O., siehe Anm. 1.
[7] Erweitert aus dem Vorwort von Luisa Francia: Hexentarot, Zürich

*Gudrun Fischer*

# Die Geschichte der feministischen Professur in den Naturwissenschaften an der Universität Bremen

Eine Resolution

Im Februar 1989 verabschiedeten Frauen aus der Vollversammlung Naturwissenschaft und Technik an der Bremer Universität eine Resolution. Darin forderten sie die sofortige Einrichtung der Professur „Frauenforschung und Lehre in Naturwissenschaft und Technik". Die Frauen erkannten die Bedeutung, die eine feministische Professur in den Naturwissenschaften – ein Novum in der BRD – für Frauen in der gesamten Bundesrepublik haben würde. Alle naturwissenschaftlich-technischen Fachbereiche der Universität Bremen sollten Diplom- und Doktorarbeiten, die bei der Inhaberin der Professur geschrieben würden, anerkennen. Interdisziplinarität, Unabhängigkeit, finanzielle Absicherung durch Mittelbaustellen, Sekretariats- und Laborausstattung waren die Forderungen.

Wie kamen Frauen in Bremen auf diese verlockenden Pläne? Was war davor geschehen?

Und was passierte in der Zeit bis zum Sommer 1993, bis endlich eine Frauenforschungsgastdozentur, erst für ein, dann doch für zwei Semester am Fachbereich Biologie/Chemie der Uni Bremen eingerichtet wurde?

In der Diskussion war diese Professur seit Herbst 1988. Da brachte der Streik der StudentInnen die Diskussion um feministische Lehraufträge und Professuren ins Rollen; da verhandelte der Akademische Senat (AS) der Universität über eine Frauenforschungsprofessur in den Sozialwissenschaften; da schlug eine beherzte Professorin aus diesem Bereich vor, auch in den Naturwissenschaften eine feministische Professur einzurichten. Und siehe da, der AS stimmte zu! Sofort wurden die Gelder für diese Stelle bereitgestellt, eine Arbeitsgruppe sollte über Ansiedlung und Ausschreibungstext beraten und los ging es – nicht.

## Erstmal ein Hearing

Eine Frage war unter Feministinnen und Frauenforscherinnen aus Naturwissenschaften und Technik (oder Wissenschaftlerinnen, die über die Naturwissenschaft und Technik forschen) ungeklärt: Wo sollte so eine Professur angesiedelt werden? An einem naturwissenschaftlich/technischen Fachbereich oder in den Gesellschaftswissenschaften? Müßte die Forscherin neben ihrer feministischen Unterrichts- und Forschungsarbeit konventionelle Lehre machen? Wäre das nicht eine Überforderung für sie? Sie wäre inmitten der in der Mehrheit männlichen Fachbereichs-Professoren eine kritisierte, Angriffen ausgesetzte und am Rande stehende Figur.

Das Hearing, das die Arbeitsgruppe im April 1989 organisierte, sollte zum einen diskutieren, wie feministische Naturwissenschafts- und Technikkritik heute aussehen kann. Das zweite Streitthema sollte das ‚Ansiedlungsproblem' werden.

*1. Was sind Ansätze feministischer Forschung und Kritik in Naturwissenschaft und Technik?*
*Einige Puzzlestücke aus dem Gedankenpool von Forscherinnen aus der Bundesrepublik Deutschland.*

Ist eine Alternative für die Naturwissenschaften das Einbringen abgespaltener subjektiver Gefühle? Sarah Jansen (Ökologin aus Braunschweig) schlägt als Antwort auf diese Frage einen „mimetischen", d.h. einen nachahmenden Forschungsstil vor. Dieser Vorschlag wird von Maria Ossietzky (Historikerin aus Bochum) sogleich kritisch betrachtet. Spiegelt nicht dieses Konzept eine Mythologisierung von Weiblichkeit wider? Die Wissensproduktion ist in unserer Gesellschaft Produktion von Herrschaftswissen, und Frauen müssen sehr aufpassen, daß ihre neuen Methoden nicht zur Ideologieproduktion im bestehenden Wissenschafts- und Gesellschaftskonstrukt benutzt werden.

Regine Reichwein (Physikerin, Didaktikerin und Therapeutin aus Berlin) hat einen Vorschlag. Wir sollten da weiterarbeiten, wo wir irritiert sind und uns fragen, was unsere Irritation mit dem System zu tun habe.

Eine Irritation verursachen die Metaphern in der Biologie. Warum heißt es nicht „feed forward", statt „feed back", fragt Jenny Kien (Neurobiologin aus Regensburg). Wer bestimmt die Richtung? Ein neuer Begriff, „reentrance", würde ganz neue Aspekte in die Ökologie bringen, findet sie.

Gerhild Schwoch (Biochemikerin aus Göttingen) ist von der Tatsache irritiert, daß sie als unproduktive Forscherin gilt, weil sie versucht, mit möglichst wenig Geld zu forschen. Wie absurd das ist: bei Männern bedeutet ein hoher Etat hohes Ansehen!

Es war und ist schlechte Wissenschaft, die nicht mehr reflexiv und noch dazu sehr teuer ist, stellt Regine Kollek (Molekularbiologin und Wissenschaftsforscherin aus Hamburg) klar. Das menschliche Genom (Erbanlagen), das im „Genom-Projekt" aufgeschlüsselt wird, ist nicht das eines Menschen, es ist das eines Mannes. Aber die Kritik geht tiefer. Das hierarchische Modell in der Gentechnik geht vom Gen als oberstem Prinzip aus. Das Gen soll alle Information für den Körper liefern. Und der Ablesevorgang geht angeblich Stück für Stück (das nennt sich „sequentiell"). Das ist eine wenig-dimensionale Modellvorstellung, kritisiert Regine Kollek. Feministische Gegen-(Gen)-Gedanken setzen Frauen z.B. der Gentechnologie in der Zeitschrift „Journal for reproductive Medicine and Genetic Engineering" entgegen. An der Gentechnologie mit ihrer Verquickung mit der Pharmaindustrie wird klar, daß die Naturwissenschaften nicht nur dazu da sind, die Welt zu erklären.

Rosemarie Rübsamen (Physikerin aus Hamburg) unterstreicht die Rolle von Naturwissenschaft und Technik als „Existenzsicherungs-Fabriken". Gerade durch Kriege, in denen

Menschen und Natur die Opfer sind, sichern Männer ihre Existenz und Herrschaft. Vor allem die Physik wird dazu genutzt. Die Aufweichung der Subjekt-Objekt-Trennung, die eigentlich auch Feministinnen für die Naturwissenschaften verlangen, wird von Männern z.B. in der Chaostheorie in die Wissenschaften eingebracht. Sie führt nach Meinung von Rosemarie Rübsamen nur zu noch besserer Ausbeutung der Natur als die alten, gröberen Konzepte.

Luise Berthe-Corti (Mikrobiologin aus Oldenburg) plädiert für einen parteilichen statt für einen subjektiven Ansatz. Sie wünscht sich eine Verbindung von Alltag und Wissenschaft.

In der folgenden Diskussion wird die alte feministische Frage gestellt: sollen Frauen Kritik innerhalb einer Institution oder von außen leisten. Dabei entsteht die Idee, daß eine feministische Naturwissenschaftlerin doch ‚genuine' (sprich: „echte") Naturwissenschaft mit feministischem Blick machen könnte. Nur, was ist das, fragt Renate Fuchs (Medizinerin aus Berlin). Reicht es, wenn kritische Naturwissenschaft von Frauen gemacht wird?

Elvira Scheich (Physikerin und Politikwissenschaftlerin aus Hamburg) stellt am Schluß der Debatte klar, daß für Bremen eine Entscheidung anstehe. Wenn es nach dem Bedarf der Studentinnen ginge, müßte es eine Reflexionsstelle werden. Im Fachbereich würde es dagegen eine fachorientierte Spezialforschungsstelle werden.

*2. Die Ansiedlung einer feministischen Krake?*

Die zehn Expertinnen, selbst tätig in der feministischen Naturwissenschaftskritik, spalten sich bei der Frage der Institutionalisierung in zwei Gruppen. Die einen verlangen die Einrichtung eines Instituts oder Fachbereichs für ‚Feministische Naturwissenschaftskritik und Analyse'. Sie wollen keine „halbierte Frau", aufgefressen durch Vielfachbelastung. Es entsteht das Bild einer „Krake", die vom neuen Institut aus in alle Richtungen wirken könnte.

Die anderen wünschen sich eine feministische Forscherin an einem naturwissenschaftlichen oder technischen Fachbereich. Sie wäre eine Frau, die den Wissenschaftlern auf deren fachwissenschaftlicher Ebene einen Schlag versetzt. Das ist, na klar, eine tolle Vorstellung. Nur, wo sollte der herkommen, dieser „Star" am naturwissenschaftlichen Himmel?

Als Rektor Timm die Ergebnisse des Hearings präsentiert bekommt, findet die Idee eines eigenen Fachbereichs oder Zentrums „Feministische Wissenschaftskritik" bei ihm Zustimmung. Nur sei das erst in vielen, vielen Jahren zu verwirklichen. Das Grundproblem bei der Forderung einer unabhängigen feministischen Professur ist, daß nicht der Akademische Senat, wie zu Anfangszeiten der Reform-Uni Bremen, sondern inzwischen ausschließlich die Fachbereiche eine Professorin berufen können. So müssen alle hochfliegenden Pläne beiseite gelegt werden, und es bleibt bei der Frage, an welchem der naturwissenschaftlichen Fachbereiche die Professur angesiedelt werden könne. Der Fachbereich Physik/Elektrotechnik verweigert sich der Professur. Der Fachbereich Biologie/Chemie hat Interesse. Gespeist ist dieses Interesse aus der Hoffnung, eine Humanbiologin einstellen zu können. Was für ein genialer Trick: Die Humanbiologie-Professur soll mit dem Stellenplan „Uni 2010" auslaufen. Warum soll dann nicht eine Frau zur „Biologie der Frau" arbeiten, fragen sich die Professoren im Fachbereich. Die Studentinnen sind entsetzt über die Aussicht auf Vereinnahmung „ihrer" erkämpften Professur. Zu ihrem Glück stellt sich heraus, daß die Mehrheit im Fachbereich noch konservativer als ihre trickreichen Humanbiologieförderer sind. Die „Biologie der Frau" und andere Frauenthemen gehören für sie allemal in die Philosophie!

Die Verhandlungen, die die Arbeitsgruppe über ein Jahr geführt hatte, bleiben bis auf den Wirbel, den sie verursacht hatten, ergebnislos. Die Gelder für die Professur liegen weiterhin brach. Bevor sich die Arbeitsgruppe Anfang 1990 auflöst, beschließt der Akademische Senat einen Stufenplan. Zwei bis drei „Kurzzeit-Gastprofessuren", danach eine einsemestrige

Gastprofessur, sollen den Hochschullehrern in der Biologie/Chemie die „Eingewöhnung" erleichtern.

## Der Stufenplan

*Ruth Hubbard:* Im Dezember 1990 beginnt der Stufenplan mit den Seminaren der Biologin Ruth Hubbard aus Harvard/USA (ist schon fast sowas wie eine Nobelpreisträgerin!). Zwei Wochen lang diskutieren Studentinnen mit der beeindruckenden Wissenschaftskritikerin. Ihre Deutschkenntnisse (ihre Eltern, als Jüdin und Jude von den Nazis verfolgt, flohen in den 30er Jahren aus Wien in die USA) erleichtern den Studentinnen die Verständigung.

In Ruth Hubbards Seminaren geht es um die Politik, die mit der „Biologie der Frau" betrieben wird. Die erste Woche gehört der allgemeineren Ideologiekritik. In der zweiten Woche werden die konkreten Auswirkungen der Naturwissenschaften auf Gesundheits- und Krankheitsdefinitionen der westlichen Welt diskutiert. Ruth Hubbards Vorträge lassen in den Teilnehmerinnen den Verdacht reifen, daß z.B. Krebs bei Frauen kein Individualproblem, sondern ein politisches sei. Zu folgerichtiger Letzt werden die Umsetzungen von wissenschaftlich-technischen Erkenntnissen in den neuen Fortpflanzungs-technologien diskutiert.

*Regine Kollek:* Im Sommersemester 1991 setzt Regine Kollek aus Hamburg innerhalb ihrer Kurzzeit-Gastprofessur zwei Wochen lang das Gentechnologie-Thema fort. „Erkenntnistheoretische Probleme der modernen Biologie: Ansätze feministischer Analyse" heißt ihr Eingangsvortrag. Er beschäftigt sich mit der „inneren Sozialstruktur gentechnischer Artefakte".

*Elvira Scheich:* Im Februar 1993 kommt Elvira Scheich für drei Wochen nach Bremen. Eine Bemerkung über die große Pause zwischen Elvira Scheich und Regine Kollek. Die für die Professur engagierten Studentinnen (und es waren hauptsächlich Studentinnen, die den langen Atem für den Kampf um die Professur zeigten) bereiten ein Jahr lang den 18. Bundesweiten

Kongreß von „Frauen in Naturwissenschaft und Technik" vor. Auf diesem im Mai 1992 stattfindenden Kongreß werden lange vernachlässigte Themen erörtert, wie Lesben/Heterosexismus in den Naturwissenschaften und Rassismus. Der Kongreß ist ein großer Erfolg.
Elvira Scheichs Seminarthema ist: Darwinismus, Biologische Theorie, Gesellschaft und Geschlechterverhältnis. In dem Seminar wird über die Entstehung des Darwinismus diskutiert. Was gab es für Evolutionstheorien vor Darwin? Warum hat sich gerade seine Theorie durchgesetzt? Was steckt in der Evolutionstheorie an gesellschaftlichen Bezügen, und wie wird diese Theorie wieder von anderen, beispielsweise der Ökonomie verarbeitet? Es wurde im Seminar der Weg von den Evolutionstheorien bis zu eugenischen Theorien und ihren mörderischen Konsequenzen im Nationalsozialismus verfolgt.

## Nichts für ungut: Eine Professur in der Informatik?

Frauen der Informatik haben Aussicht auf eine feministische Professorin, aber die dafür benötigten Gelder sollen einige Jahre auf sich warten lassen. Sie fragen in der Biologie/Chemie, ob die Professur-Gelder nicht von Ende 1993 bis 1995, d.h. für die Dauer der nächsten zu erwartenden Verhandlungsjahre, in die Frauenprofessur in der Informatik fließen könnten. Etwas frustriert und mutlos entscheiden sich die Studentinnen und wissenschaftlichen Mitarbeiterinnen der Naturwissenschaften, den Informatikerinnen den Wunsch zu erfüllen. Denn immerhin haben sie einen weiteren Erfolg zu verbuchen. Im Sommersemester 1993 beginnt das zweite Kapitel des Stufenplans zur Eingewöhnung der Hochschullehrer der Biologie/Chemie. Dagmar Heymann, Biochemikerin aus Berlin, wird für ein Semester als Gastdozentin nach Bremen berufen. Um eine Professur handelt es sich bei dieser Stelle nicht mehr. Dagmar Heymann sei, das Argument ist das frauenfeindlich-älteste, nicht „qualifiziert" genug. Es fehle die Habilitation. „Feministisch" trägt die geplante Professur nicht mehr im Titel, und von Interdisziplinarität ist keine Rede mehr. Das sind – nach 4 1/2 Verhandlungsjahren – die rudimentären Reste der einstigen „Professur für feministische Naturwissenschaftsanalyse und -kritik". Trotzdem freuen sich alle Studentinnen und wissenschaftlichen Mitarbeiterinnen, als im Sommersemester 1993 die Gastdozentur ‚Frauenforschung und Naturwissenschaftsanalyse und -kritik' beginnt. Nach Ende des Semesters wird klar, daß auch in der Informatik langsamer gehandelt als gehofft wird. Die dortigen Berufungsverhandlungen haben sich hinausgezögert. Deswegen geben die Informatikerinnen die Professurgelder für ein Semester an die Biologie zurück und Dagmar Heymann kann ein weiteres Semester bleiben.

## Professorin zwischen Elfenbeinturm und feministischem Querdenken

*Interview mit Dagmar Heymann zu ihrer Gastdozentur „Frauenforschung und Naturwissenschaftsanalyse und -kritik" im September 1993*

*G.:* Dagmar, was machst Du für Erfahrungen auf dieser Stelle?

*D.:* Ich habe Zeit und Raum für Dinge, die früher höchstens neben dem Geldverdienen gelaufen sind. Es macht Spaß und ich werde gut bezahlt dafür. Es gab keinerlei Vorgaben, welche Inhalte ich zu unterrichten hätte. Ich habe gemerkt, daß es wichtig ist zu schauen, wie Studentinnen den Zugang zu dem Themenkomplex finden.

*G.:* Wie hast Du das gemacht? Hast Du Dich eingefühlt oder die Studentinnen gefragt?

*D.:* Ich habe mich eingefühlt. Die meisten Studentinnen hatten schon etwas von feministischer Naturwissenschaftskritik gehört, aber wenig dazu gelesen. Deswegen habe ich ein Grundlagenseminar angeboten. Aus meinem Interesse und meinen Kenntnissen zur Naturwissenschaftsgeschichte habe ich zusätzlich ein geschichtliches Seminar angeboten.

*G.:* Hattest Du Erfolg?

*D.:* Ja. Die Studentinnen zeigten großes Interesse, und es gab einen großen Kern von Studentinnen, die sich sehr aktiv beteiligten. Im Grundlagenseminar, dem theoretischsten, nahmen wir den Einstieg über „Liebe, Macht und Erkenntnis" von Evelyn Fox Keller. Was es für die Wissenschaft bedeutet, daß fast nur Männer sie gemacht haben, haben wir uns anhand dieses Buches erarbeitet. Danach beschäftigten wir uns mit dem Thema „Radikaler Konstruktivismus und die Beziehung zum Feminismus". Irgendwann wollten die Studentinnen von mir wissen, wie ich zur Kritik gekommen war. Ich merkte, daß die Frauen gekommen waren, weil sie viele Zweifel hatten. Und sie begannen sich zu fragen, ob sie nicht das Studium aufgeben sollten.

*G.:* So existenziell wurden die Fragen?

*D.:* Nun, so ein Seminar verstärkt viele Zweifel. Ich habe meine persönliche Geschichte eingebracht. Daß ich immer ein Junge sein wollte, nie Hausfrau werden wollte wie meine Mutter. Ich war Einzelgängerin und wollte Kapitän werden. Später wünschte ich mir einen Beruf, der nicht mit Menschen zu tun hat, was die Naturwissenschaften ja auch sind. Meinen Ausstieg aus den Naturwissenschaften habe ich dann doch als positive Alternative empfunden, auch wenn es einen Karriereabbruch und zwischenzeitlich Sozialhilfe bedeutete.

*G.:* Warst Du eine Identifikationsfigur für die Studentinnen?

*D.:* Es war für sie eine Möglichkeit, etwas anderes zu sehen.

*G.:* Seid Ihr dann persönlich weiterverfahren?

*D.:* Nein. Es ging dann um Perspektiven und eine Studentin hat das Buch „Das Geschlecht des Lebens" von Vandana Shiva vorgestellt. Die „Baumfrauen" aus diesem Buch waren ein Beispiel für einen anderen Umgang mit Natur. – Wenn wir an die Ursprünge unserer Kultur gingen, würden wir unser eigenes Gedankengebäude mehr relativieren. Das sagt Sandra Harding, deren Texte ich zum Ende in das Seminar einbrachte. Sie stellt Kulturen aus Afrika vor, die vor dem Kolonialismus und der

Sklaverei Technik und Naturwissenschaften hatten. Unser Wissen heute erhebt sich über alles und leugnet, daß es ursprünglich aus Afrika und Ägypten kommt.

*G.:* Was passierte in dem Geschichtsseminar?

*D.:* Je näher wir der Gegenwart kamen, desto trauriger wurden die Biographien von Naturwissenschaftlerinnen, die vorgestellt wurden.

Clara Immerwahr, die Frau von Fritz Haber, promovierte Chemikerin, die sich 1915 aus Protest gegen die Giftgasangriffe, Ergebnis der Forschung ihres Mannes, umgebracht hat. Maria von Linden, deren Biographie zu lesen richtig Spaß macht, die aber 1933 gefeuert wird, das hieß damals „vorzeitig pensioniert", und die kurz darauf an Lungenentzündung stirbt. Oder Rosalind Franklin, die zusammen mit Watson und Crick die Doppelhelixstruktur der DNA entdeckte und Ende der 50er Jahre an Krebs stirbt. Ihr Anteil an der Forschung fiel unter den Tisch. Als es dann den Nobelpreis dafür gab, war sie tot, und Tote kriegen keinen Nobelpreis.

Margaret Rossiter sagt, daß um die Jahrhundertwende Frauen „aufbrechen" und stärker in die Wissenschaft gehen. Dort haben sie aber unsichere Jobs, denn je mehr sich die Wissenschaft konsolidiert und professionalisiert, desto mehr werden Frauen wieder rausgehalten.

*G.:* Wie geht es weiter?

*D.:* Es ist toll, daß die Stelle um ein Semester verlängert wurde. Ich will an den Seminarthemen anknüpfen, z.B. konkret die Metaphern der Immunologie und der Molekularbiologie analysieren. Was sagst Du zum Beispiel zu dem Wort ‚master molecule'?

Im Geschichtsseminar möchte ich die Zeit vom Ende des letzten Jahrhunderts bis zu den fünfziger Jahren dieses Jahrhunderts betrachten. In der Literatur aus der und über die alte Frauenbewegung gibt es immer mal Hinweise auf Frauen in den Naturwissenschaften. In den siebziger Jahren hat z.B. Elisabeth Boedecker ein Verzeichnis zu 50 Jahren Habilitation von Frauen herausgegeben.

*G.:* Wie haben die Professoren hier am Fachbereich auf Dich reagiert?

*D.:* Am Anfang hat der Fachbereichsrats-Sprecher, in anderen Bundesländern heißt das ‚Dekan', mich rumgeführt und mich den Kollegen vorgestellt. Dann hat er mir unbürokratisch ein gutes Büro besorgt. Alle waren sehr freundlich. Später habe ich einige auf den Gängen wiedererkannt und manche auch mich.

*G.:* Einen Austausch hattest Du mit keinem?

*D.:* Nein. Ich war gut ausgelastet und habe mich auf die Studentinnen konzentriert. Ich hatte ein wenig Austausch mit Professorinnen der Wissenschaftlichen Einheit (WE) Frauenforschung. Hannelore Schwedes, eine Physikprofessorin, lud mich zu ihrem Seminar über Mädchen und Jungen im Physikunterricht ein. Dort hielt ich einen Vortrag zu feministischer Naturwissenschaftskritik. Die Frauenbeauftragten des Fachbereichs Biologie/Chemie waren es, die mir den Rücken stärkten. Mit ihnen hatte ich den meisten Austausch.

*G.:* Mich wundert es, daß du nach dieser Vorgeschichte mit der Professur keine schlechten Erfahrungen mit den Professoren gemacht hast.

*D.:* Der einzigen Biologie-Professorin neben mir wurde ich nie vorgestellt. Daß ich von den Biologie-Hochschullehrern ignoriert wurde, hatte und hat für meine zeitlich begrenzte Arbeit in Bremen Vorteile. Es sparte Energie!

Problematisch finde ich eher, daß ich Teil einer sehr konservativen patriarchalen Institution wurde, des Elfenbeinturms Wissenschaft. Bei vielen Frauenforscherinnen habe ich den Eindruck, daß sie, wenn sie nicht isoliert wurden, ihr feministisches Querdenken eingestellt haben. Das wird für mich bei zwei Semestern Gastdozentur nicht so relevant werden, wie die Tatsache, daß ich jüngere Frauen erreicht, „infiziert" und bestätigt habe.

## Letzte Entwicklungen

Bei den weiteren Verhandlungen um die Verwirklichung der Professur stellte sich heraus, daß der Fachbereich Biologie tatsächlich eher an einer Professorin für die Lehre im Grundstudium interessiert ist. Zum Beispiel könnte es eine Humanbiologin sein, die nebenbei ein bißchen Wissenschaftskritik machen darf. Wirklich interessiert an den feministischen Inhalten ist der Fachbereich nicht.

Dafür hat sich inzwischen eine neue Möglichkeit aufgetan. Im Fachbereich Physik/Elektrotechnik gibt es einen Schwerpunkt „Arbeit und Leben", in dem sozialwissenschaftliche Umweltforschung und Technikkritik betrieben wird. Hier wird (hoffentlich) demnächst als erster Schritt der Beschluß gefaßt, eine Professur für „Feministische (!) Naturwissenschaftsanalyse und Umweltforschung" einzurichten. Also: Daumendrücken!

# Autorinnen

*Autorinnenkollektiv.* 1989 bildete sich in Bayreuth eine Gruppe von Frauen aus den Naturwissenschaften, um Texte zur feministischen Naturwissenschaftskritik gemeinsam zu lesen und zu diskutieren. Auf dem 17. Kongreß von „Frauen in Naturwissenschaft und Technik" 1991 in Kiel veranstalteten Frauen aus dieser Gruppe einen Workshop. Die Texte, die dabei als Diskussionsbasis dienten, wurden 1992 durch Arbeiten zu Sandra Hardings Buch „Feministische Wissenschaftstheorie" ergänzt. Diese Papiere, die von Elizabeth Finnimore, Tina Hahn, Nicola Martin, Regina Pöhhacker und Claudia Wagner verfaßt wurden, bilden den Grundstock des vorliegenden Artikels. Vera Rabelt aus Berlin überarbeitete die Texte und Elizabeth Finnimore, Bayreuth, und Dagmar Heymann, Berlin, haben ihn endgültig fertiggestellt.

*Gudrun Fischer.* 32 Jahre, Biologin und Journalistin. Lange war ich in der Naturwissenschaftlerinnenbewegung aktiv und überhaupt politisch-feministisch. Jetzt schreibe ich hauptberuflich im ID-Bremen, einem kritischen Medienprojekt. Meine Themen sind breit gestreut. Beginnend bei Lesben in den Medien, arbeite ich zu zensierten Themen wie Faschismus, Frauen in Umweltbewegungen und Bevölkerungspolitik. Außerdem finde ich die „Koryphäe" ein tolles Projekt und tu mein Bestes für sie.

*Dagmar Heymann.* Jahrgang 1950, suchte ich mir bewußt einen Beruf, von dem mir meine Umgebung abriet, da er nichts für eine Frau sei. Ich wurde Biochemikerin, promovierte zu einem neurobiologischen Thema und blieb bis 1989 in diesem Forschungsbereich. 1979 besuchte ich zum ersten Mal den Naturwissenschaftlerinnenkongreß. Ein Besuch mit Folgen! Sowohl beruflich (1989 stieg ich aus der klassischen Forschung aus, nicht um sie zu verlassen, sondern um sie zu verändern) wie privat (auf einem späteren Kongreß traf ich die „Frau meines Lebens"). Seither beschäftige ich mich mit feministischer Naturwissenschaft, der Geschichte von Frauen in den Naturwissenschaften u.a. in Ost- und Westdeutschland, Frauen- und Wissenschaftspolitik. Dies geschieht in Form von Vorträgen, Lehraufträgen, politischer Arbeit im Verein „Frauen in Naturwissenschaft und Technik" und 1993/94 als Gastdozentin an der Universität Bremen. Davor, dazwischen und danach war und bin ich „arbeits"los und auf der Suche nach neuen Wegen.

*Jenny Kien.* Ich wurde 1948 in Sydney, Australien, geboren, promovierte 1973 in Neurobiologie in Canberra, Australien, habilitierte mich 1980 für das Fach Zoologie an der Universität Regensburg. Dort arbeitete ich 1981-85 als Heisenberg-Stipendiatin, 1986-94 als Wissenschaftliche Angestellte, zuletzt auf unbefristeter Stelle. Ich leitete ein Forschungsprojekt über Nervensysteme und ihre Steuerung von Bewegung und Sprache, war in der Frauenhochschul- und Wissenschaftspolitik aktiv. 1995 Ausstieg aus den universitären Naturwissenschaften und Umsiedlung nach Jerusalem, Israel, um dort spirituellen und schriftstellerischen Interessen nachzugehen.

*Rosemarie Rübsamen.* Jahrgang 1947. Nach dem Studium der Physik und nicht beendeter Dissertation war und bin ich seit 1976 in den verschiedensten Bereichen tätig, bezahlt und unbezahlt. Eine kleine Auswahl: verschiedene Anstellungen und Lehraufträge an Universität (von Wissenschaftstheorie bis Physik für MedizinerInnen), Gymnasium (Mathematik) und Schule für medizinisches Personal (Physik und Chemie). Zahlreiche Vorträge und Seminare zur feministischen Wissenschaftskritik. 1985-90 Energiereferentin bei der Grün-Alternativen Liste in der Hamburger Bürgerschaft. Seit 1977 beteiligt an den Treffen, Diskussionskreisen und Projekten der „Frauen in Naturwissenschaft und Technik". Mitbegründerin von „Frauen in Naturwissenschaft und Technik e.V.", des Alternativenergieprojekts „Umschalten" in Hamburg, des Arbeitskreises „Frauen für Alternativenergie", der FrauenEnergieGemeinschaft „Windfang e.G.".

Gegenwärtig sind meine Schwerpunkte: Teilzeitdozentin für Physik an einer MTA-Schule, ein feministisches Lehrbuchprojekt „Physik für die Medizin", Beraterin für und Planerin von Windenergieanlagen.

*Eva Sassen.* In der „Koryphäe", Medium von Frauen aus Naturwissenschaft und Technik, bin ich: Putzfrau, Projektleiterin, Verwaltungskraft, Chefredakteurin, Sachmittelbeschafferin, Autorin, Aquisiteurin, Korrespondentin, Tipse, Verkäuferin ... – leider fast nie bezahlt. Ich unterrichte Biologie als Honorarkraft in der Erwachsenenbildung und bereite Menschen auf die Zulassungsprüfung zur Hochschule vor. Ich bin Mutter einer 14-jährigen Tochter, Hausbesitzerin (dank vieler Darlehen von Frauenlesben) und baue und renoviere selbst. Ich kann Wasseradern und andere Energien und ihre Blockaden aufspüren. Singend bewirtschafte ich einen Garten und verwerte (Fall)Obst und Reis zu Wein ... Zwischendurch lausche ich Vorträgen oder halte selbst welche und diskutiere leidenschaftlich. Ich könnte noch weiter schreiben. Kurz: offiziell bin ich arbeitslos.

*Petra Seibert.* Geb. 1956, Studium der Meteorologie an der Universität Innsbruck, Dr.phil. (dank der ehrwürdigen Rigorosenordnung von Anno dazumal und eines erfolgreich absolvierten philosophischen Rigorosums), refundierte Vertragsassistentin (österreichische Diktion, wissenschaftliche Mitarbeiterin nach bundesdeutscher Lesart) an der Universität Wien (Arbeitsgebiet Umweltmeteorologie), an Meta-Wissenschaft aller Art interessiert, kann trotz zuviel Arbeit Aktivitäten im Bereich „Feminismus und Naturwissenschaft" nicht ganz lassen.

*Ester Tamm,* geb. 49, Zwilling. „Kommt aus der Theorie-Ecke", sage ich von mir selbst, und ich habe eine belastete Zuneigung zum Grundsätzlichen und Allgemeinen, zur zu lockeren Sprache; dann wieder ist alles sehr gedrängt. Die Ideen fliegen manchmal davon. Ich habe Mathematik und Chemie fürs Lehramt studiert, Spinnen erforscht und in Wissenschaftstheorie (Stegmüller, München, 82) über Logik promoviert. Dann bin ich in die Meteorologie getaucht und habe durch die Praxis auch endlich den Feminismus entdeckt.

Ich lebe (leider) von der Meteorologie (Universität München, wiss. Angestellte, seither und immer wieder befristet), „kratze am Ozonloch", wie meine Mutter sagt. War jahrelang im Vorstand der Internationalen Assoziation von Philosophinnen (IAPH).

„Naturwissenschaft und Geschlechterrolle" hat jetzt eine längere Entwicklung hinter sich: unter anderem Vorträge in einer Vortragsreihe Feministische Philosophie in Paris und beim 15. Kongreß „Frauen in Naturwissenschaften und Technik" 1989 in Bonn. Eine gekürzte Fassung wurde auch in der Koryphäe veröffentlicht.

## Zur Schriftenreihe

Der Verein „Frauen in Naturwissenschaft und Technik e.v." verfolgt Ziele, die sich für die Einzelne oft widersprüchlich darstellen: einerseits die Verbesserung der Chancen von Frauen im naturwissenschaftlich-technischen Bereich, andererseits die Suche nach einer feministischen Naturwissenschaft und Technik. Anliegen des Vereins ist es, die berufliche Förderung von Frauen mit kritischen und feministischen Ansätzen in Naturwissenschaft und Technik zu verbinden. Kein leichtes Unterfangen, kommt es doch einem „Sägen am eigenen Ast" gleicht, kritische bzw. feministische Positionen im Beruf durchzuhalten.

Trotz dieser Schwierigkeiten liegt aber darin ein besonderes kreatives Potential: die zahlreichen Brüche, die sich durch das Leben von Feministinnen in Naturwissenschaft und Technik ziehen, werfen Fragen auf, die über feministische Aktivitäten in frauentypischen Bereichen oder kritische Ansätze in der männerdominierten Wissenschaft hinausweisen.

Mit der Schriftenreihe unterstützt NUT e.V. dieses kreative Potential von Frauen in Naturwissenchaft und Technik. Die Schriftenreihe bietet Raum zur Verbreitung und Diskussion von feministischen Analysen, Forderungen und Utopien aus dem Themenspektrum der Vereinsarbeit.

Als Band 1 erschien: Sarah Jansen, Naturwissenchaftlerinnen und Ingenieurinnen: Von der Forderung nach Gleichstellung zur feministischen Forschung. Wiesbaden 1991, 12,- DM, zu beziehen über die Geschäftstelle.

NUT- Frauen in Naturwissenschaft und Technik e.V.
Geschäftsstelle
Haus der Demokratie
Friedrichstraße 165
D-10117 Berlin
Tel. 030/2291792

# Frauen in Naturwissenschaft und Technik NUT e.V.

Der Verein wurde 1988 auf dem jährlich stattfindenden Kongreß von Frauen in Naturwissenschaft und Technik gegründet. Der Zusammenschluß erfolgte u.a. aus dem Bedürfnis der Naturwissenschaftlerinnen und Ingenieurinnen nach einer kontinuierlichen Interessenvertretung.

Vereinsziele und -aufgaben sind:

- Förderung und Unterstützung von Frauen in Naturwissenschaft und Technik;
- Bewußtmachung des widersprüchlichen Lebenszusammenhanges von Frauen in von Männern geprägten Berufen;
- Abbau der Diskriminierung von Frauen in Ausbildung und Beruf;
- Feministische Kritik an Naturwissenschaft und Technik;
- Öffentlichkeitsarbeit zu den Auswirkungen männerdominierter, aggressionsgeladener Naturwissenschaft und Technik;
- Förderung der Entwicklung umwelt- und sozialverträglicher Alternativen in Naturwissenschaft und Technik;
- Informationsaustausch und interdisziplinäre Zusammenarbeit.

Die Mitfrauen des Vereins kommen u.a. aus den Bereichen Biologie, Chemie, Physik, Mathematik, Informatik, Maschinenbau und technischer Umweltschutz. Sie studieren oder sind im öffentlichen Dienst, in der Privatwirtschaft, in Forschung und Lehre oder als Selbständige tätig.

Einige Schwerpunkte der inhaltlichen Arbeit sind:

- Alternative Energieversorgung,
- Forschungs- und Technologiepolitik (Dortmunder Kreis),
- Integrierte Technikentwicklung,
- Nachhaltige Entwicklung,
- Frauenuniversität,
- Internationale Vernetzung.

*Peter Pilz, Cornelia Oedekoven, Gaby Zinßmeister (Hg.)*

# Forschende Frauen

### Frauen verändern die Naturwissenschaften

Mit Beiträgen von Elisabeth Ströker, Cordula Tollmien, Veronika Oechtering, Gerlinde Debus, Linda R. Owen, Ute Kindermann, Margrit Falck, Erika Hickel, Bernadette Peters und Barbara König.

Der Band beleuchtet die Situation von Frauen in den Naturwissenschaften anhand exemplarischer Lebensläufe zeitgenössischer Wissenschaftlerinnen wie Emmy Noether und Grace Murray Hopper. Zugleich setzen sich die Autorinnen wissenschaftskritisch mit den Diszplinen auseinander und tragen Veränderungsvorschläge vor.

Talheimer Verlag 1995, 192 Seiten, 29,80 DM
ISBN 3-89376-053-9


*Susanne Huber / Marina Rose (Hg.)*

# Frauenwege

### Frauen in mathematisch-naturwissenschaftlichen und technischen Berufen

Mit einem Vorwort von Doris Knab und einem Nachwort von Gisela Meister-Scheufelen. Beiträge von Ute Claussen, Johanna Bosse, Elsa Nickel, Kira Stein, Monika Ganseforth, Catrin Kramer, Cornelia Niederdrenk-Felgner, Susanne Weitbrecht u.a.

Das aktuelle Buch gibt Aufschluß über Chancen und Hemmnisse von Frauen in jenen Berufen, die bislang als ‚Männerberufe' galten. Es vermittelt Einblicke in den Lebens- und Berufsalltag von Ingenieurinnen, Informatikerinnen und Technikerinnen.

Talheimer Verlag 1994, 216 Seiten, 28,00 DM
ISBN 3-89376-042-3

# talheimer